Direito Constitucional do Trabalho

ASPECTOS CONTROVERSOS DA AUTOMATIZAÇÃO

G635d   Gonçalves, Rogério Magnus Varela
       Direito Constitucional do Trabalho: aspectos controversos da automatização / Rogério Magnus Varela Gonçalves. – Porto Alegre: Livraria do Advogado Editora, 2003.
       191p.; 16 x 23 cm.

       ISBN 85-7348-285-0

       1. Direito do Trabalho. 2. Automação. 3. Direito Constitucional. 4. Globalização. I. Título.

CDU – 331

Índices para o catálogo sistemático:

Direito do Trabalho
Automação
Direito Constitucional
Globalização

(Bibliotecária responsável: Marta Roberto, CRB-10/652)

Rogério Magnus Varela Gonçalves

Direito Constitucional do Trabalho
ASPECTOS CONTROVERSOS DA AUTOMATIZAÇÃO

livraria
DO ADVOGADO
editora

Porto Alegre 2003

© Rogério Magnus Varela Gonçalves, 2003

Projeto gráfico e diagramação de
Livraria do Advogado Editora

Revisão de
Rosane Marques Borba

Direitos desta edição reservados por
Livraria do Advogado Editora Ltda.
Rua Riachuelo, 1338
90010-273 Porto Alegre RS
Fone/fax: 0800-51-7522
livraria@doadvogado.com.br
www.doadvogado.com.br

Impresso no Brasil / Printed in Brazil

À Gianne, mulher maravilhosa, compreensiva e uma fiel companheira nos oito anos em que passamos juntos (namoro, noivado e casamento), a quem reputo a principal parcela do sucesso nesta empreitada. Ao nosso pequeno Henrique (*in memoriam*), filho que passou poucos dias entre nós, mas que permitiu uma nova visão de mundo. A meus pais (João e Terezinha) pelo apoio incondicional. Às minhas irmãs (Roseanny, Rossana e Rossandra) pelas palavras de acalanto nas horas difíceis. A Felipe Negreiros, amigo dos amigos, que se desdobrou nas tarefas advocatícias para me possibilitar concluir o estudo. A Deus, por ter-me permitido conhecer os que estão citados acima e todos os demais amigos que, direta e indiretamente, me auxiliaram nesta tarefa acadêmica.

"O caminho da vida pode ser o da liberdade e da beleza, porém, desviamo-nos dele. A cobiça envenenou a alma dos homens, levantou no mundo as muralhas do ódio e tem-nos feito marchar a passo de ganso para a miséria e os morticínios. Criamos a época da produção veloz, mas nos sentimos enclausurados dentro dela. A máquina, que produz em grande escala, tem provocado a escassez. Nossos conhecimentos fizeram-nos céticos; nossa inteligência, empedernidos e cruéis. Pensamos em demasia e sentimos bem pouco. Mais do que máquinas, precisamos de humanidade; mais do que de inteligência, precisamos de afeição e doçura! Sem essas virtudes, a vida será de violência e tudo estará perdido".

Charles Chaplin

Agradecimentos

Ao Centro de Ciências Jurídicas da Universidade Federal da Paraíba que, mesmo convivendo com grandes dificuldades estruturais e financeiras, mantém acesa a chama do ensino de qualidade.

À Professora-Doutora Maria Áurea Baroni Cecato, pela orientação participativa e paciente.

Ao Professor-Doutor Manuel Alexandre Cavalcante Belo, por ter despertado em mim o desejo de lecionar.

Ao Professor-Doutor Ingo Wolfgang Sarlet, pelo interesse na leitura deste estudo e pela receptividade que demonstrou para comigo.

À Beth Padilha, secretária da pós-graduação em ciências jurídicas da UFPB, pelo desprendimento com que auxilia os mestrandos.

À Gianne, por tudo.

À minha família, razão primeira das lutas que travo, pela crença na vitória, mesmo nos momentos em que eu já me sentia derrotado.

Aos meus alunos, fonte de inspiração e estímulo na árdua caminhada pela estrada acadêmica.

Nota do autor

O trabalho que agora é levado ao conhecimento público é fruto da conclusão do Curso de Mestrado em Direito Econômico da Universidade Federal da Paraíba.

Falando em pós-graduação, cumpre registrar que o presente texto é fiel ao que fora defendido perante a banca de examinadores da referida Instituição de Ensino Superior. Trata-se do desejo de marcar uma gratificante experiência acadêmica. Assim sendo, é de bom tom consignar que este despretensioso escrito guarda similitude com o que fora apresentado em 25 de janeiro de 2002. Relembrando Ortega y Gasset, o homem é ele e suas circunstâncias. Sendo assim, esta obra tem o fito de ser fidedigna ao que envolvia a matéria quando da conquista, por parte do subscritor, do grau de Mestre em Direito.

Destarte, quaisquer modificações – quer sejam fáticas ou jurídicas – ocorridas no interregno entre a data citada acima e a publicação da obra haverão de ser abordadas em uma eventual segunda edição deste texto.

Sim, como dito alhures, para os que intencionam enveredar pela caminhada acadêmica, o Mestrado é, no mais das vezes, o ponto de partida. Sendo assim, nada mais razoável do que pretender manter a autenticidade ou originalidade da obra, deixando para as edições posteriores, acaso existentes, as mutações necessárias.

Neste diapasão, faço minhas as palavras de Walber de Moura Agra, para quem *"um livro sempre é uma obra inacabada, que deve ser constantemente interpretado, aperfeiçoado, acrescentado"*.[1]

Logo, quaisquer comentários, críticas ou sugestões serão muito bem-vindas e deverão ser encaminhadas para o e-mail rogeriovarela@bol.com.br, tudo no afã de permitir que uma outra versão seja um claro aperfeiçoamento deste pensar inicial.

João Pessoa, inverno de 2003.

---

[1] AGRA, Walber de Moura. *Manual de direito constitucional*. São Paulo: Editora Revista dos Tribunais, 2002. p. 8.

Lista de siglas e abreviaturas

ADCT   Ato das Disposições Constitucionais Transitórias
ADIN   Ação Direta de Inconstitucionalidade
ALCA   Área de Livre Comércio das Américas
Art./arts.   Artigo/artigos
CF   Constituição Federal
CLT   Consolidação das Leis do Trabalho
CRP   Constituição da República de Portugal
DJU   Diário de Justiça da União
FAT   Fundo de Amparo ao Trabalhador
FGTS   Fundo de Garantia do Tempo de Serviço
FMI   Fundo Monetário Internacional
G7   Grupo dos Sete
Mercosul   Mercado Comum do Sul
NAFTA   *North American Free Trade Agreement*
OCDE   Organização de Cooperação e Desenvolvimento Econômico
OECE   Organização Européia de Cooperação Econômica
OIT   Organização Internacional do Trabalho
OMC   Organização Mundial de Comércio
Op.   *Opus citationes*
p.   Página / páginas
RR   Recurso de Revista
SENAC   Serviço Nacional de Aprendizagem Comercial
SENAI   Serviço Nacional das Indústrias
SESC   Serviço Social do Comércio
SESI   Serviço Social da Indústria
STF   Supremo Tribunal Federal
TST   Tribunal Superior do Trabalho

Prefácio

"Não sois máquina; homem é que sois".

A frase "chapliniana", mais que expressão de uma genialidade, extrapola dimensões.

Desde o advento da máquina a vapor, por *James Watt*, cresce a preocupação com a máquina, a substituir o homem em uma de suas dimensões fundamentais: o trabalho. Como em quase tudo na vida, há lado bom e lado mau. Se o desenvolvimento tecnológico até hoje maravilha e facilita a vida dos povos, por outro lado empurra alguns à mais absoluta condição de miséria humana. A desocupação profissional, como mesmo a precarização do trabalho, retiram conforto e, o que é bem pior, dignidade.

Assim é que o tema escolhido pelo jovem e brilhante Rogério Magnus Varela Gonçalves não é somente atual; é oportuno e essencial.

Fruto de uma brilhante dissertação de mestrado, tão bem apresentada como redigida, sendo aprovada com louvor, a preocupação do autor com a automação em face da relação de emprego demonstra sua sensibilidade, por enfocar tema de difícil enfoque, mas de inegável paixão.

A Constituição Federal de 1988 dispôs, em seu art. 7º, XXVII, como direito dos trabalhadores urbanos e rurais (leia-se empregados e avulsos), "proteção em face da automação, na forma da lei". Mas a lei, como quase sempre, em tal plano ainda não veio. E o que se fazer, se o mandado de injunção, em verdade, precisa ser "injuncionado"?

É certo que as teorias econômicas liberais, tão em voga no famoso mundo globalizado, repelem gravemente soluções jurídicas para males econômicos, ainda que sejam fortes as suas repercussões sociais. É a opção pelo Estado Econômico em detrimento do Estado Social. Quem ousa discordar do absolutismo da opção, por sua vez, sofre a pecha de demagogo e/ou sonhador.

Ocorre que a miséria, desgraçada filha e convivente da desigualdade social, alastra-se e não poupa sentimentos, devastando sonhos e ilusões.

Assistir inerte ao pleno e avassalador domínio econômico, a nosso ver, implica a negação da própria condição estatal.

De tal sorte, importante estudar-se como é possível conciliar-se a automatização (expressão preferida pelo autor), em face da proteção à relação de emprego. A automatização, como os correlatos fenômenos da robótica e da microeletrônica, assustam os trabalhadores já apavorados com o crescente desemprego.

Por isso, mesmo em países que servem de paradigma ao liberalismo econômico, a exemplo do Japão, às vezes trilham-se soluções jurídicas para conter o ímpeto da mecanização, que retira empregos e afasta os já citados sonhos e ilusões. Certas vezes o "decreto" combate o desemprego, como a proibição do *self-service* em postos de combustíveis.

É igualmente lógico que o combate aos males econômicos apenas pela via jurídica seja tido por inviável. O bom duelo deve ter armas compatíveis, ainda que não completamente iguais.

Com efeito, em síntese, compreendemos que a automatização (automação) deve ser vivenciada, e. g., com instrumentos como a recolocação da mão-de-obra e o crescimento econômico. Mas o Direito deve conter preocupação específica, como sinalizou o legislador constitucional pátrio, ainda que subvertido pelo legislador infraconstitucional.

Assim é que tivemos o privilégio de compor a banca de mestrado de um jovem promisssor, com um trabalho verdadeiramente irretocável. E por isso mesmo concluímos: do mar de mediocridade decorrente da expansão desordenada do ensino jurídico, alguns poucos e bons escapam e se tornam grandes timoneiros; e Rogério Magnus Varela Gonçalves já é um dos bons capitães de nosso direito laboral.

Prof. Dr. Bento Herculano Duarte Neto

Doutor em Direito do Trabalho pela PUC/SP
Professor da Universidade Federal do Rio Grande do Norte
Juiz do Trabalho do TRT da 21ª Região

Sumário

Introdução 21

1. A proteção em face da automatização como direito fundamental 23
    1.1. A dignidade da pessoa humana como viga mestra dos direitos fundamentais . 23
    1.2. Conceito de direitos fundamentais 28
    1.3. Direitos fundamentais e suas dimensões 31
    1.4. Os direitos fundamentais formais e materiais 37
    1.5. Enquadramento da proteção em face da automatização no campo dos
        direitos fundamentais 39
    1.6. A eficácia dos direitos fundamentais, mormente os direitos sociais 41
        1.6.1. Acesso ao Poder Judiciário 42
        1.6.2. O direito à concessão da tutela jurisdicional 43
        1.6.3. A isonomia processual 44
        1.6.4. Direito de intentar demanda popular 46
        1.6.5. A legitimidade para requerer a instauração do processo administrativo 47
    1.7. Conclusões do capítulo 47

**2. As lacunas jurídicas e a eficácia das normas constitucionais sob o prisma
da semiótica** 51
    2.1. Introdução ao tema 51
    2.2. Existência ou inexistência de lacunas jurídicas 52
    2.3. Colmatação das lacunas 56
    2.4. Abordagem histórica das lacunas jurídicas e da eficácia das normas
        constitucionais 57
        2.4.1. Revolução Francesa 58
        2.4.2. Separação dos Poderes 58
        2.4.3. Soberania 59
        2.4.4. Sistema Jurídico 60
        2.4.5. O dispositivo constitucional como fonte do Direito 61
        2.4.6. Controle de constitucionalidade 62
    2.5. Breves digressões sobre a Constituição e o Direito Constitucional 64
        2.5.1. Constituição 64
        2.5.2. Direito Constitucional 65
        2.5.3. Direito Constitucional e os demais ramos jurídicos 66
        2.5.4. Direito Constitucional e Trabalho 67

2.5.5. Constituições Formais e Materiais 68
2.5.6. Supremacia e eficácia da norma constitucional 69
2.6. Semiótica e as normas constitucionais 71
   2.6.1. A conceituação da semiótica 71
   2.6.2. O Direito e a Norma 72
   2.6.3. Classificação da semiótica 73
   2.6.4. A validade da norma jurídica 74
   2.6.5. O problema da validade 75
   2.6.6. Vigência da norma jurídica 76
   2.6.7. A eficácia das normas 77
2.7. Apreciação da semiótica 79
   2.7.1. Sintática 79
   2.7.2. Semântica 81
   2.7.3. Pragmática 83
2.8. O enquadramento da norma que versa sobre a proteção em face da automatização no campo das lacunas constitucionais 83
2.9. Conclusões do capítulo 85

3. Aspectos da globalização que tangenciam a automatização 87
3.1. Introdução ao tema: a nova febre expansionista mundial 87
3.2. Conceitos de globalização 89
3.3. Globalização na seara da ciência política 92
3.4. A globalização da economia como impulso maior da automatização 95
3.5. A globalização e seu reflexo na organização sindical 97
3.6. A globalização e o desemprego: a ideologia do empregador e a visão de Paul Singer 99
3.7. Desenvolvimento sem trabalho e a necessidade do ócio criativo na ótica de Domenico de Masi 103
3.8. O quadro político europeu: a promessa de diminuição do desemprego como fator decisivo no campo eleitoral 105
3.9. Conclusões do capítulo 107

4. A automatização e seu reflexo na diminuição no quantitativo de empregos: uma preocupação mundial 109
4.1. Direito internacional do trabalho: aspectos introdutórios 109
4.2. A Organização de Cooperação e Desenvolvimento Econômico (OCDE) e sua preocupação com o emprego 111
4.3. A Organização Internacional do Trabalho (OIT) e a busca do pleno emprego: a criação do selo social e a Convenção nº 158 112
   4.3.1. A criação do Selo Social 116
   4.3.2. A Convenção nº 158 da OIT 118
4.4. A breve vigência da Convenção nº 158 no Brasil e a forma de sua denúncia 123
4.5. Conclusões do capítulo 126

5. Iniciativas brasileiras para a mitigação do desemprego derivado do incremento da técnica 129
5.1. Políticas de fomento ao emprego em tempos de desemprego estrutural 129
5.2. Contrato de trabalho a prazo definido 132

5.3. O banco de horas no direito brasileiro 136
5.4. Contrato a tempo parcial 140
5.5. A premência de capacitação da mão-de-obra nacional 143
5.6. A questão educacional e a problemática do emprego 148
5.7. Conclusões do capítulo 155

6. Reflexos da automatização nas relações jurídico-laborais 157
6.1. Introdução: os empregos e a terceira onda 157
6.2. Do Fordismo ao Toyotismo 160
6.3. Os blocos econômicos e sua importância para os níveis de emprego 161
6.4. Desemprego: a grande preocupação mundial do fim do século XX e princípio
do século XXI 163
6.5. Mudanças do direito laboral: desregulamentação e flexibilização do contrato
de trabalho 166
6.6. Conclusões do capítulo 171

Considerações finais 175

Referências bibliográficas 181

Introdução

A automatização, enquanto processo de substituição gradativa da mão-de-obra humana por máquinas, é o objeto central deste estudo.

Faz-se mister destacar que este tema é por demais rico, posto que existem diversas outras questões jurídicas, políticas, sociais e econômicas que caminham *pari passu* com a problemática da automatização.

Primeiramente, no que tange a estampa terminológica existe uma imprecisão do Texto Magno, ao se asseverar que os trabalhadores urbanos e rurais gozam do direito à proteção em face da automação. Com efeito, a expressão adotada constitucionalmente não se apresenta como a mais adequada, porquanto – segundo os gramáticos – automação seria *"sistema automático de controle, pelo qual os mecanismos verificam seu próprio funcionamento efetuando medições e introduzindo correções, sem interferência do homem"*.[2] O verbete que melhor simboliza o fenômeno da substituição da força humana pela força mecânica de trabalho é, no nosso entender, "automatização". Entretanto, em apego ao que preconiza a Norma Ápice permitiu-se, em algumas passagens da obra, utilizar as expressões citadas acima com sinonímia.

Ultrapassada a questão vocabular, vale frisar que o desemprego é uma das principais conseqüências negativas deste fenômeno de gradativa robotização da força produtiva. Neste particular, convém enfatizar que a dissertação que se segue enfoca – no seu primeiro capítulo – a temática sob o prisma dos direitos fundamentais, entendendo que o direito ao mercado de trabalho humano protegido pelo incremento da técnica tem nítidos contornos de direito fundamental de quarta dimensão.

No segundo capítulo, permitiu-se analisar a semiótica jurídica, assim como a dicotomia entre a completude ou incompletude do subsistema normativo. Constatou-se que o dispositivo supralegal que salvaguarda os trabalhadores do incremento tecnológico, art. 7º, inciso XXVII, da Lei

---

[2] FERREIRA, Aurélio Buarque de Holanda. *Novo Dicionário da Língua Portuguesa*. Rio de Janeiro: Nova Fronteira, s/d.

Fundamental vigente no Brasil, é uma lacuna constitucional técnica, fator que reforça a tese da existência de vácuos ou carências normativas, que hão de ser colmatados com o acompanhamento – por parte do legislador – do avanço social.

A globalização é assunto intimamente abroquelado ao da automatização, porquanto a necessidade de conquista de novos mercados consumidores fez com que as empresas incrementassem a sua tecnologia o que, por via de conseqüência, acelerou a substituição da força produtiva humana por robótica, cibernética e congêneres. Sendo assim, o terceiro capítulo desta obra é dedicado aos aspectos da globalização que tangenciam a questão da automatização.

No quarto capítulo destes escritos, vê-se que a desocupação humana, produzida pela automatização, toma ares de preocupação mundial, razão pela qual diversas instituições, tais como a Organização Internacional do Trabalho (OIT) e a Organização de Cooperação e Desenvolvimento Econômico (OCDE), realizam aprofundados estudos sobre formas de incrementar o emprego mundial. Realizando-se breve estudo comparado, foi possível trazer à baila algumas iniciativas alienígenas bem-sucedidas para a manutenção dos postos de serviço, mencionando-se da possibilidade de utilização destas mesmas atitudes no ordenamento interno.

As iniciativas brasileiras para a mitigação do desemprego derivado do incremento da técnica povoam o quinto capítulo da obra. Nele permite-se estudar toda a nova gama de medidas legislativas que visam a diminuir o desemprego estrutural.

O último capítulo, por seu turno, destina-se a analisar os reflexos da automatização nas relações jurídico-laborais, enfatizando a tendência de flexibilização dos direitos trabalhistas, fato que foi robustecido com a recente aprovação, pelo Congresso Nacional, de projeto de lei que prioriza os acordos e as convenções coletivas de trabalho em desfavor das normas inseridas na Consolidação das Leis do Trabalho. Ademais, conclui-se que existe, nos dias atuais, um novo perfil do emprego, pois a passagem do Fordismo para o Toyotismo fez com que se fizesse um repensar da cadeia de produção, agora pautada na empresa enxuta.

Como os trabalhos desta natureza não podem se limitar a uma etapa de constatação do problema, permitiu-se – ao longo do texto – formular algumas sugestões para abrandar o desemprego em massa.

1. A proteção em face da automatização como direito fundamental

1.1. A dignidade da pessoa humana como viga mestra dos direitos fundamentais

O estudo do preceito da dignidade da pessoa humana é de especial importância para a compreensão dos direitos fundamentais. Sim, mesmo os partidários da tese de que o mencionado princípio não é o fundamento ideológico dos direitos fundamentais são uníssonos ao mencionar o local de relevo habitado pelo cânone em epígrafe.

Partindo-se desta premissa, deve-se destacar que alguns autores chegam a afirmar que o núcleo essencial dos direitos fundamentais reside no aludido princípio. Dentre os que advogam esta linha de pensar, merece destaque Günter Dürig.[3]

Em corrente doutrinária oposta, existem aqueles que teorizam que muito embora a dignidade da pessoa humana seja relevante para a criação de um óbice com relação à elaboração legislativa tendente a contrariar os direitos fundamentais, ela não seria a motivação de todos os direitos fundantes. Corroborando com o que se alega, permite-se transcrever o pensamento de Ingo Sarlet, senão vejamos:

A tese de acordo com a qual a dignidade da pessoa humana não se identifica (não se confunde), pelo menos não necessariamente, com o núcleo essencial dos direitos fundamentais, tem prevalecido e é também por nós acolhida, seja pelo fato de estarmos convencidos de que nem todos os direitos fundamentais possuem um conteúdo de dignidade, mas todos possuem um núcleo essencial (já que é vedada a sua abolição), seja pela circunstância de que – na esteira do que sustenta a doutrina majoritária –

---

[3] DÜRIG, Günter. *Der Grundsatz der Menschenwürde. Entwurf eines proktikablen Wertsystems der Grundrechte aus Art. 1 Abs. I in Verbindung mit Art. 19 Abs. II des Grundgesetzes. In*: Archiv des Öffentlichen Rechts (AÖR) n° 81 (1956), p. 9.

tal garantia restaria esvaziada em se aceitando uma identidade absoluta com o conteúdo de dignidade.[4]

Diante desta clara dicotomia doutrinária, o presente estudo toma partido pela primeira corrente, alertando aos leitores que este pensar é minoritário nos hodiernos dias. Muito embora a maioria dos autores engrosse as fileiras daqueles que não vêem na dignidade da pessoa humana o traço inicial de todos os direitos fundamentais, este escrito ousa afirmar que, em apreciando cada um dos direitos telados, fica patente que são claras ramificações de um tronco único: o da dignidade da pessoa humana. Assim sendo, pode-se afirmar que todo o ideário de direitos fundamentais surgiu do primado da dignidade da pessoa humana.

Historicamente, verifica-se que o surgimento dos direitos fundamentais coincide com a maior respeitabilidade, por parte do Estado, do ente humano, segundo Pedro Villalon.[5]

Acerca da dignidade da pessoa humana, há de se destacar que se fez necessário encontrar, no avanço das sociedades modernas, um ponto de equilíbrio entre o pensamento vestibular, segundo o qual o Estado só tinha razão de existência enquanto fosse instrumento posto à disposição dos particulares para que estes alcançassem os seus objetivos, e o da corrente antagônica, defensora da tese de que o Estado haveria de ter sempre primazia de vontades em face dos cidadãos.

Com efeito, em relação às concepções conceituais do primado da dignidade da pessoa humana, tem-se que em primeiro momento surgiu a corrente individualista, que entendia que o homem seria o núcleo central da vida em sociedade.

Em contraposição a esta corrente doutrinária, tomou corpo a corrente do transpersonalismo, detentora da idéia de que o alcance dos anseios plurais e coletivos traria consigo a efetivação das vontades individuais. Contudo, caso existisse um conflito entre a vontade colegiada e a individual, haveria de se dar primazia ao axioma do conjunto em detrimento do elemento único.

Com o fito de tentar harmonizar as duas correntes doutrinárias supracitadas, que defendiam aprioristicamente e antes da situação posta, o Estado em face do indivíduo ou vice-versa, emerge a teoria do personalismo, que entende que se deve analisar cada caso isoladamente para, a partir da

---

[4] SARLET, Ingo Wolfgang, *Dignidade da Pessoa Humana e Direitos Fundamentais na Constituição Federal de 1988*. Porto Alegre: Livraria do Advogado, 2001, p. 117.

[5] Villalon, Pedro Cruz. *Formacion y Evolucion de los Derechos Fundamentales*, de lavra de Pedro Cruz Villalon, *In:* Revista Española de Derecho Constitucional, Año 9, número 25, Enero-Abril, 1989, p. 35/62.

abordagem fática, conceder-se privilégio para o anseio do particular ou do ente estatal.

Como ficou claro do que fora explicitado anteriormente, o presente escrito engrossa as fileiras da teoria personalista, vez que seria equivocado estabelecer um pré-julgamento da matéria, sempre pugnando pela defesa dos anseios estatais, ou defendendo os interesses dos particulares. Quer aparentar que as duas correntes anteriores pecaram pelo maniqueísmo com que enfocavam a dignidade da pessoa humana.

Quem reforça a tese ora defendida é Fernando Santos, que faz uma elogiável apreciação histórica dos delimitadores conceituais do princípio da dignidade da pessoa humana, afirmando que:

> Historicamente, três concepções marcaram, basicamente, o conceito de dignidade da pessoa humana, cada uma importando, em conseqüência, numa compreensão dos direitos fundamentais, do homem e do Estado: individualismo, transpersonalismo e personalismo.
>
> Caracteriza-se o individualismo pelo entendimento de que cada homem, cuidando dos seus interesses, protege e realiza, indiretamente, os interesses coletivos. Seu ponto de partida é, portanto, o indivíduo. Aqui, os direitos fundamentais serão, antes de tudo, direitos inatos e anteriores ao Estado, e impostos como limites à atividade estatal. Num conflito entre indivíduo versus Estado, privilegia-se, sempre, aquele.
>
> Já com o transpersonalismo, temos o contrário: é realizando o bem coletivo, o bem do todo, que se salvaguardam os interesses individuais; inexistindo harmonia espontânea entre o bem do indivíduo e o bem do todo, devem preponderar, sempre, os valores coletivos. Nega-se, portanto, a pessoa humana como valor supremo. Enfim, a dignidade da pessoa humana realiza-se no coletivo.
>
> Conseqüência lógica será a tendência na interpretação do Direito que limita a liberdade em favor da igualdade, que tende a identificar os interesses individuais com os da sociedade, que privilegia estes em detrimento daqueles.
>
> A terceira corrente, que ora se denomina personalismo, rejeita quer a concepção individualista, quer a coletivista; nega seja a existência da harmonia espontânea entre indivíduo e sociedade. Fundada na distinção entre indivíduo e pessoa, não há que se falar, aprioristicamente, num predomínio do indivíduo ou no predomínio do todo. A solução há de ser buscada em cada caso, de acordo com as circunstâncias; solução que pode ser a compatibilização entre os mencionados valores.[6]

Nesta linha de raciocínio, tem-se que em determinadas circunstâncias se vislumbrará a subordinação da vontade unipessoal ao anseio coletivo, fato que se pode inferir no chamado Poder de Polícia Administrativa. Em determinados momentos da vida social, deve-se dar maior valia ao axioma plural do que ao individual, sem que tal fato venha a desnaturar a dignidade singular de cada ser humano.

---

[6] SANTOS, Fernando Ferreira dos. *Princípio Constitucional da Dignidade da Pessoa Humana.* São Paulo: Celso Bastos: Instituto Brasileiro de Direito Constitucional, 1999, p. 108.

A *contrario sensu*, em outras passagens da vida cotidiana, vê-se que o Estado deve estar à disposição dos particulares, não perdendo de vista a razão de sua criação, que é o bem-estar coletivo.

Poder-se-ia afirmar uma suposta existência de fluidez ou de vagueza acerca de que em quais momentos ou circunstâncias haveria a prevalência dos direitos coletivos sobre o plano singular ou o oposto. O tópico atrelado ao enquadramento dependerá do caso concreto. Assim sendo, só com a apreciação da circunstância fática é que será possível uma resposta para a indagação de aplicabilidade da vontade estadual ou do anseio do indivíduo. Pensar diferentemente, e entender que seria possível estabelecer um exaustivo rol de circunstâncias em que a vontade do homem deve prevalecer sobre a do Estado ou vice-versa, seria incorrer no mesmo equívoco de conceitos ou respostas pré-concebidas, além de inibir o avanço da sociedade.

A gênese dos direitos fundamentais, mormente os primeiros, que diziam respeito à liberdade, tem como fato ensejador a constatação de que o homem não pode ser abordado como mera figura de anatomia.

Com efeito, para que se pudesse ter mais firme a regra da dignidade da pessoa humana, e via consecutiva, o arcabouço teórico para a implementação dos direitos fundamentais, teve-se de transpor este pensamento reducionista, de enfocar o ser humano como figura meramente biológica, e encarar que o mesmo é dotado de razão e de diversos axiomas que são adquiridos em sua formação religiosa, educacional, social, política, econômica, dentre outras.

Quem retratou, com singular felicidade, esta interdependência entre os direitos fundamentais e o cânone da dignidade da pessoa humana foi Isaac Sabbá Guimarães, ao afirmar que:

> A estruturação dos direitos fundamentais (de liberdade) encontra seu radical na apreciação do homem como ser detentor de características, que vão muito além da mera compreensão de seus atributos somáticos. Ultrapassa o entendimento biológico, para compreender o homem como ser dotado de racionalidade, e que, no seu desenvolvimento, encerra as dimensões psíquica, moral e espiritual. Sua condição é, pois, apreciada segundo critérios de valor, critérios que lhe conferem especial dignidade. Esta correlação do homem, ser individual e social, a um conteúdo de dignidade, indissoluvelmente unida à idéia de liberdade, adquire um significado jurídico-político. Por isso, a dogmática constitucional parte da apreciação da pessoa humana para estabelecer os sistemas de direitos fundamentais.[7]

---

[7] GUIMARÃES, Isaac N. B. Sabbá. *Hábeas Corpus: Críticas e Perspectivas*. Curitiba: Juruá, 1999, p. 96.

Reforçando o pensamento exposto acima, impende trazer à baila os ensinamentos de autoria de José Nabais, para quem os direitos fundamentais teriam o cunho de norma supraconstitucional, sendo decorrentes do dogma da dignidade da pessoa humana. Ao se referir ao exemplificativo elenco dos direitos fundamentais encravados na Carta Constitucional de Portugal, o jurista aduz que:

> A mera transcrição destes preceitos básicos e emblemáticos da Constituição denuncia logo e de uma maneira muito clara o lugar central que nela ocupa: o conhecimento dos direitos fundamentais como um dos seus eixos estruturais e o sentido profundo que cabe a tais direitos enquanto expressão do estatuto jurídico-subjectivo básico e irredutível do homem, decorrente da sua própria natureza e dignidade. Este aspecto – a dignidade da pessoa humana como base da República e do Estado português –, para o qual se podem invocar diversos outros suportes constitucionais como o da precedência, na sistemática constitucional, dos direitos fundamentais (parte I), relativamente à organização económica (parte II) e à organização política (parte III), coloca a Constituição portuguesa na linha do constitucionalismo europeu e ocidental clássico, que garante os direitos fundamentais antes e independentemente de qualquer regulamentação da vida económica e da vida política da sociedade.[8]

No que pertine ao cerne desta obra, que é o do estudo da proteção em face da automatização, não se pode olvidar que dentre os direitos humanos fundamentais está o de ter acessibilidade aos postos de serviço, e tal fato decorre da constatação, no plano da dignidade da pessoa humana, de que não é digno privar o cidadão da cadeia produtiva em detrimento do aquilatamento da técnica.

Este aspecto é reforçado pela própria Carta Constitucional do Brasil de 1988, quando ela – em seu art. 1º, inciso IV – confere aos valores sociais do trabalho e da livre iniciativa o *status* de fundamento da República, assim como veste a busca do pleno emprego com o manto de princípio geral da atividade econômica (art. 170, VIII). Corroborando com o axioma de se estimular o ofício, forçoso recordar que o mesmo diploma legal (art. 5º, XIII) dispõe que existe liberdade laboral no território nacional, além de afirmar que o trabalho é um dos direitos sociais (art. 6º, *caput*) e de garantir aos trabalhadores citadinos e rurícolas proteção em face da automação (art. 7º, XXVII).

Por fim, mas não menos importante para patentear a idéia de que o ordenamento jurídico pátrio houve por bem valorizar o trabalho, não se pode perder de vista que a Lei de Contravenções Penais estabelece ser reprovável a ociosidade, nomeadamente quando preconiza, em seu art. 59, que a prática de vadiagem constitui ato ilícito.

---

[8] NABAIS, José Casalta, *Os Direitos Fundamentais na Constituição Portuguesa*. Lisboa: Separata do Boletim do Ministério de Justiça nº 400, 1990, p. 17.

Direito Constitucional do Trabalho
ASPECTOS CONTROVERSOS DA AUTOMATIZAÇÃO

Ante tais fatos, é de se reconhecer que o subsistema normativo pátrio, tendo como fonte inspiradora a dignidade da pessoa humana, que a nosso ver é a viga mestra de todos os direitos fundamentais, caminhou no sentido de proteger ou salvaguardar o mercado de trabalho humano, tornando-se indubitável a conclusão de que a referida proteção se insere no contexto dos direitos fundamentais.

1.2. Conceito de direitos fundamentais

Com o fito de contextualizar a automatização como sendo um direito fundamental de todos os indivíduos isoladamente considerados, assim como um direito que atinge toda a coletividade, posto é, concomitantemente, um direito de cada um e de todos, faz-se mister – aprioristicamente – conceituar o que vem a ser direito fundamental.

O fato de se asseverar que a proteção em decorrência do incremento da técnica é sentida por todos os indivíduos considerados de *per si*, não tem o condão de excluir, do referido direito, o cunho plural. Com efeito, no somatório das individualidades, verifica-se que os direitos fundamentais têm caráter de maior amplitude, albergando toda a coletividade.

No que pertine ao aspecto terminológico, verifica-se, como bem salientou Ingo Sarlet,[9] que existe uma divergência doutrinária de taxonomia com relação ao que vem a ser direito fundamental.

Aduz o constitucionalista gaúcho que diversos vocábulos são utilizados com sinonímia, sem que, contudo, exista apego científico-terminológico nestas nomenclaturas.

Com efeito, não raramente se verifica, na doutrina pátria, a utilização de expressões como "direitos fundamentais", "direitos humanos", "liberdades públicas", "direitos naturais", "direitos públicos subjetivos", "direitos individuais", "liberdades fundamentais", todas para significar a gama de direitos que a Lei Fundamental concedeu aos seus destinatários.

A utilização imprecisa de certos termos jurídicos decorre, em muitos casos, de inadequação normativa. No caso em apreço, é de fácil constatação que a Norma Ápice de 1988, ao se debruçar sobre a matéria, tratou com similitude expressões que possuem sentidos invulgares.

Contudo, é premente a diferenciação conceitual.

---

[9] O professor Ingo Wolfgang Sarlet possui magistral obra sobre o tema em comento. Trata-se da célebre *A Eficácia dos Direitos Fundamentais*, tese de doutoramento do citado catedrático na Universidade de Munique. O leitor que pretender um aprofundamento sobre as imprecisões terminológicas acerca dos direitos fundamentais encontrará na obra telada rico material de pesquisa, mormente nas páginas 31 e seguintes.

A expressão que mais é confundida com a de "direitos fundamentais" é a de "direitos humanos". Acerca deste vocábulo, deve-se ter em mente que ele serve para designar uma gama de direitos que deriva do jusnaturalismo. Com efeito, não se pode elencar um rol exaustivo dos direitos humanos, vez que – como o próprio nome já antecipa – estes são próprios dos homens, razão pela qual são inatos a eles e são somados a outros beneplácitos jurídicos conquistados com o passar dos anos e a conseguinte evolução social.

A idéia de que os direitos humanos são apenas aqueles que já nascem com o indivíduo aparenta restrita, vez que inibiria a conquista social de novos direitos, fator que poderia desencadear no engessamento da sociedade e do subsistema normativo. Seguindo esta esteira de raciocínio, impende destacar que a listagem hodierna de direitos humanos é bem mais complexa da de outrora, o que corrobora com as alegações anteriores de que diversos direitos humanos são conquistados ao longo da existência.

Os direitos fundamentais, por seu turno, derivam mais proximamente dos valores do constituinte. O rol de direitos fundamentais está insculpido na Carta Constitucional, razão pela qual se deve ter em mente que a constitucionalização destas garantias é essencial para a sua compreensão.

Reforçando estas diferenciações existentes entre os direitos humanos e os fundamentais, Paulo Branco afirma que:

> A expressão direitos humanos, ou direitos do homem, é reservada para aquelas reivindicações de perene respeito a certas posições do homem. São direitos postulados em bases jusnaturalistas, contam índole filosófica e não possuem como característica básica a positivação numa ordem jurídica particular. A expressão direitos humanos, ainda, e até por conta da sua vocação universalista, supranacional, é empregada para designar pretensões de respeito à pessoa humana, inseridas em tratados e em documentos de direito internacional. Já a locução direitos fundamentais é reservada aos direitos relacionados com posições básicas de pessoas, inscritos em diplomas normativos de cada Estado. São direitos que vigem numa ordem jurídica concreta, sendo, por isso, garantidos e limitados no espaço e no tempo – pois são assegurados na medida em que cada Estado os consagra.[10]

De tudo o que foi exposto, verifica-se que o mais nítido traço de distinção entre os direitos humanos e os fundamentais é o fato de que estes estão positivados na Carta Constitucional.

A incerteza definitória também tem razão em virtude de se ter constitucionalizado algumas garantias que derivaram do direito natural, tornando-as fundamentais.

---

[10] BRANCO, Paulo Gustavo Gonet. *Aspectos de Teoria Geral dos Direitos Fundamentais*. In: VVAA, *Hermenêutica Constitucional e Direitos Fundamentais*, (Gilmar Ferreira Mendes). Brasília: Brasília Jurídica, 2000, p.125.

No que pertine ao fenômeno da constitucionalização, deve-se ter em mente que constitucionalizar, como é de geral sabença, é elevar um comando normativo ao nível constitucional.

Pode-se afirmar, sem embargo, que constitucionalização é o procedimento através do qual as normas que anteriormente estavam cingidas ao patamar infraconstitucional são mantidas em vigor, só que agora com *status* de Norma Cume.

Destarte, conclui-se que os direitos fundamentais são aqueles que o subsistema normativo constitucional houve por bem estender aos cidadãos, que são os destinatários diretos da Lei Fundamental, de modo a preservar àqueles quanto aos aspectos de liberdade, igualdade, fraternidade e todos os preceitos decorrentes destes.

A dificuldade conceitual do tema ora abordado deriva do fato de se verificar a co-existência de diversas perspectivas ou prismas sobre os quais podem ser enfocados os direitos fundamentais.

Esta multiplicidade de enfoques fica patente com as palavras do professor lusitano Vieira de Andrade, ao afirmar que:

> Aquilo a que se chama ou a que é lícito chamar direitos fundamentais pode, afinal, ser considerado por diversas perspectivas. De facto, os direitos fundamentais tanto podem ser vistos enquanto direitos de todos os homens, em todos os tempos e em todos os lugares – perspectiva filosófica ou jusnaturalista; como podem ser considerados direitos de todos os homens (ou categorias de homens), em todos os lugares, num certo tempo – perspectiva universalista ou internacionalista; como ainda podem ser referidos aos direitos dos homens (cidadãos), num determinado tempo e lugar, isto é, num Estado concreto – perspectiva estadual ou constitucional.[11]

Ainda retratando a dificuldade de se conceituar os direitos fundamentais, é de se salientar que estes são cambiantes, e serão variáveis de território a território, de acordo com o avanço político, democrático, econômico, religioso e social alcançado por cada um deles, mormente quando se aprecia a matéria sob a dimensão constitucional.

Neste sentido, faz-se mister relembrar os magistérios de Cármen Rocha, para quem:

> É de se anotar que o conceito de direitos fundamentais, o seu conteúdo e a extensão de seu objeto não é uma idéia acabada, aprontada de forma definitiva e cabal. Ao contrário, os direitos fundamentais são conquistados e assim considerados segundo o ideário de cada povo e de cada época, tendendo a um alargamento contínuo. Principalmente, os direitos fundamentais são conquistados paulatina e historicamente. Por isso o próprio constitucionalismo é mutante, uma vez que o núcleo central

---

[11] ANDRADE, José Carlos Vieira de. *Os direitos fundamentais na Constituição Portuguesa de 1976.* Coimbra: Almedina, 1998, p. 11.

caracteriza-se por esse alargamento de direitos a que tende o homem em sua convivência política.[12]

Por questões de maior apego ao direito positivo, deve-se antecipar que a abordagem conceitual preponderante destas breves linhas é aquela da perspectiva da previsão constitucional, como fonte maior dos direitos fundamentais.

Confirmando a tradição romano-germânica do Direito Brasileiro, tem-se que a preservação em face da automatização se enquadra dentro do conceito legal de direito fundamental, precisamente porque o art. 7°, inciso XXVII, da Lei Maior vigente estatuiu que os trabalhadores urbanos e rurais haverão de ser protegidos, via norma infraconstitucional, do evoluir da técnica.

1.3. Direitos fundamentais e suas dimensões

Como dito na seção anterior deste capítulo, os direitos fundamentais não são estáticos, vez que o avanço social torna premente uma adequação, na órbita constitucional, de novos direitos deste jaez.

Esta constatação nos faz crer que o elenco hoje conhecido de direitos fundamentais é mais vasto do que o de outrora e, continuada a evolução natural da sociedade, mais modesto do que o dos tempos futuros.

Assim sendo, entender que os direitos fundamentais foram postos em uma compilação ou declaração e que esta consagração positiva impossibilitaria o surgimento de novos horizontes jurídicos, frutos do aprimoramento social, seria uma visão tacanha da realidade ou das perspectivas constitucionais.

Logo, deve-se ter a ciência de que os direitos fundamentais foram conquistados em tempos distintos, o que permite a afirmativa de que os mesmos podem ser subdivididos quanto ao momento de seu alcance e sua sustentação ideológica. Registre-se, desde já, que esta divisão possui – em essência – natureza acadêmica.

Como é cediço, a evolução da sociedade traz consigo a evolução jurídica. Tal situação deriva do fato de se ter em mente que o direito não pode ser minimizado para o estudo positivo. Ao contrário, consoante defende o professor Miguel Reale,[13] o direito tem natureza tridimensional,

---

[12] ROCHA, Cármen Lúcia Antunes. *Princípios Constitucionais dos Servidores Públicos*. São Paulo: Saraiva, 1999, p. 4.

[13] MIGUEL REALE é professor aposentado de Teoria Geral do Direito, da Universidade de São Paulo, e defende que o sistema jurídico é plasmado no estudo tríade. Entende o catedrático que se deve apreciar o direito sob o ponto de vista do fato, do valor e da norma.

Direito Constitucional do Trabalho
ASPECTOS CONTROVERSOS DA AUTOMATIZAÇÃO

compreendendo fato, valor e norma. O jurista em apreço assegura que não é possível estudar o sistema normativo desatrelado do fato e do axioma social que ensejaram a própria elaboração da norma.

Corroborando com a explanação anterior, nunca é demasiado citar as conclusões a que chegou Miguel Reale, *litteris*:

> Onde quer que haja um fenômeno jurídico, há, sempre e necessariamente, um fato subjacente (fato econômico, geográfico, demográfico, de ordem técnica etc.); um valor, que confere determinada significação a esse fato, inclinando ou determinando a ação dos homens no sentido de atingir ou preservar certa finalidade ou objetivo; e, finalmente, uma regra ou norma, que representa a relação ou medida que integra um daqueles elementos ao outro, o fato ao valor. Tais elementos ou fatores (fato, valor e norma) não existem separados um dos outros, mas coexistem numa unidade concreta. Mais ainda, esses elementos ou fatores não só se exigem reciprocamente, mas atuam como elos de um processo (já vimos que o Direito é uma realidade histórico-cultural) de tal modo que a vida do Direito resulta da interação dinâmica e dialética dos três elementos que a integram.[14]

Tem-se, pois, que este escrito se curva ao posicionamento de se estruturar o direito de forma tridimensional e este é o ponto de partida para a constatação das variadas dimensões dos direitos fundamentais.

Logo, tem-se que com a superveniência de novos fatos sociais, o direito teve de se amoldar aos mesmos, com o fito de regrá-los. Outrossim, sabe-se que os axiomas também são cambiantes, e a mudança destes também ocasiona alterações dos dispositivos legais. Dessa forma, não seria crível entender que os direitos fundamentais hoje conhecidos fossem os mesmos de tempos idos.

Pensando assim, os autores que se debruçaram sobre o tema subdividiram os direitos fundamentais, inicialmente, em gerações. Comuns eram as abordagens dos direitos fundamentais de primeira, segunda e terceira gerações.

Entrementes, este estudo engrossa as fileiras da tese defendida pelo professor Eibe Riebel,[15] segundo o qual a adoção da expressão "gerações" é inadequada, pois pode ser interpretada como sendo uma sobreposição temporal de um direito fundamental a outro, quando o que se busca e pretende é o somatório de novos direitos fundamentais não previstos em Cartas Magnas pretéritas.

Reforçando o pensar do professor alemão, merece igual destaque o magistério de Ingo Sarlet, segundo o qual:

---

[14] REALE, Miguel. *Lições Preliminares de Direito*. 19. ed. São Paulo: Saraiva, 1991, p. 65.
[15] RIEBEL, Eibe. *Europäische Grundrechtszeitschrift*, 1989, p. 11.

Não há como negar que o reconhecimento progressivo de novos direitos fundamentais tem o caráter de um processo cumulativo, de complementaridade, e não de alternância, de tal sorte que o uso da expressão "gerações" dos direitos fundamentais pode ensejar a falsa impressão da substituição gradativa de uma geração por outra, razão pela qual há quem prefira o termo 'dimensões' dos direitos fundamentais, posição esta que aqui optamos por perfilhar, na esteira da mais moderna doutrina. Neste contexto, aludiu-se, entre nós, de forma notadamente irônica, ao que se chama de "fantasia das chamadas gerações de direitos", que, além da imprecisão terminológica já consignada, conduz ao entendimento equivocado de que os direitos fundamentais se substituem ao longo do tempo, não se encontrando em permanente processo de expansão, cumulação e fortalecimento.[16]

Ultrapassada esta questão de estampa terminológica, urge consignar que os direitos fundamentais podem ser subdivididos em dimensões, tudo em conformidade com abrangência, conteúdo, titularidade, efetivação e concretude.

Os direitos fundamentais de primeira dimensão denotam uma salvaguarda dos cidadãos em face do Estado e deixam patente a situação histórica vivenciada até então, quando a dignidade da pessoa humana não era respeitada, vez que o Estado lhe extraia os mais rudimentares preceitos de liberdade. Assim, em um primeiro momento, as Constituições estabeleceram limitações à ingerência estatal na vida privada.

Logo, acertadas são as palavras do professor Paulo Bonavides, quando do explana:

> Os direitos de primeira geração ou direitos de liberdade têm por titular o indivíduo, são oponíveis ao Estado, traduzem-se como faculdades ou atributos da pessoa e ostentam uma subjetividade que é seu traço mais característico; enfim, são direitos de resistência ou de oposição perante o Estado.[17]

Chancelando as palavras descritas acima, e deixando patente a idéia de se buscar o afastamento estatal das atividades privadas, nunca é demasiado relembrar dos ensinamentos do professor Reinhold Zippelius, que leciona que "a função principal dos direitos fundamentais consiste em proteger um espaço de liberdade individual contra a ingerência do poder do Estado e contra a sua expansão totalitária".[18]

Como conseqüência da evolução da sociedade e com uma maior sedimentação da democracia, das liberdades individuais e do estado de direito, emergiram os direitos fundamentais de segunda dimensão, sendo

---

[16] SARLET, Ingo Wolfgang. *A eficácia dos direitos fundamentais*. 2. ed. rev. atual. Porto Alegre: Livraria do Advogado, 2001, p. 49.

[17] BONAVIDES. Paulo. *Curso de Direito Constitucional*. 10. ed. rev. atual. ampl. São Paulo: Malheiros , 2000, p. 517.

[18] ZIPPELIUS, Reinhold. *Teoria Geral do Estado*. 3. ed. Lisboa: Fundação Calouste Gulbenkian, 1997, p. 419.

Direito Constitucional do Trabalho
ASPECTOS CONTROVERSOS DA AUTOMATIZAÇÃO

eles os que se debruçam sobre o poder que deve ser conferido à sociedade para a seleção de seus dirigentes.

Dessarte, dentre os direitos desta dimensão avultam os direitos políticos, sejam eles positivos (sufrágio, alistamento eleitoral, voto, filiação partidária, elegibilidade, referendo, plebiscito e iniciativa popular, dentre outros) ou negativos (suspensão e perda dos direitos políticos), assim como os direitos sociais, os econômicos e os culturais.

Não mais era suficiente impedir a intromissão estatal na seara da vida privada. Tornou-se necessária uma permissão pública de participação dos cidadãos na busca do bem coletivo. Esta parceria firmada entre o Estado e o cidadão propiciou o fortalecimento dos chamados direitos sociais, cuja influência deriva, inegavelmente, dentre outros diplomas legais, da Constituição Mexicana de 1917, assim como da Constituição de Weimar de 1919.

No plano histórico, constata-se que os direitos fundamentais de segunda dimensão tomaram corpo, nas Constituições ocidentais, com o término da segunda grande guerra mundial. Atualmente, a quase totalidade das Cartas Políticas – exceto naquelas nações onde a democracia tem sido suprimida ou sufocada – estabelece normas de interação popular nos direcionamentos do país.

Corroborando com a tese de que os direitos de segunda dimensão nada mais são do que um aprimoramento daqueles inicialmente propostos, permite-se trazer à baila os escólios de Gisela Bester, que ensina que os direitos de segunda dimensão "configuram-se desdobramentos naturais da primeira geração de direitos".[19]

Os direitos fundamentais nutriram significação ainda mais complexa com o passar dos anos, razão pela qual fez-se necessária a criação de uma terceira dimensão dos mesmos, que também são nominados de direitos de solidariedade ou de fraternidade.

Estes se atrelam à coletividade. Tanto isso é fato que se deve abstrair a figura do indivíduo como sendo o destinatário ou titular desta gama de direitos. A *contrario sensu*, deve-se ter em mente que a titularidade dos mesmos é difusa ou coletiva. Dentre os aspectos da terceira dimensão dos direitos fundamentais, faz-se mister consignar a presença, dentre outros, do meio ambiente ecologicamente equilibrado, consoante se pode inferir da mera leitura do art. 225 da Carta Magna vigente, além de uma salutar qualidade de vida: o do estado pacífico.

---

[19] BESTER, Gisela Maria. *Cadernos de Direito Constitucional: Parte I: Teoria constitucional*. Porto Alegre: Síntese, 1999, p. 159.

Merece registro que as dimensões em que são subdivididos os direitos fundamentais não se apresentam totalmente estanques. Não há que se falar em um grupo de direitos hermeticamente fechado em sua dimensão, não permitindo um livre trânsito com relação às outras dimensões. Via consecutiva se tem que o maior relevo da classificação adotada neste estudo é acadêmico, sem ter a pretensão de evitar mobilidade dos direitos nos grupos dimensionais.

Existem aqueles autores, dentre os quais merece especial ênfase o professor Paulo Bonavides, que advogam a tese da presença dos direitos fundamentais de quarta dimensão. Este trabalho tanto concorda com este pensar que pretende situar a proteção que o constituinte nacional conferiu aos trabalhadores em razão da automatização como sendo um dos exemplos da teoria do professor cearense. Sim, para muitos a proteção em face da automação seria, por se tratar de direito social, enquadrado na segunda dimensão dos direitos fundamentais. Contudo, como dito alhures, existe uma certa mobilidade dos direitos dentro das variadas dimensões. Cabe ao doutrinador avaliar a predominância de uma das dimensões sobre as demais para que se possa realizar uma classificação que acompanhe o avanço social. Dessa feita, tem-se que, quando foram inseridos os primeiros direitos sociais, estes tinham clara correlação com a igualdade. Contudo, como decorrência da globalização da economia, acredita-se que a proteção em face da automatização habite – nos dias atuais – preocupação do Direito de Integração Regional, vez que transcende barreiras geográficas. Sendo assim, este escrito ousa afirmar que dita proteção, que outrora se enquadrava mais na segunda dimensão dos direitos fundamentais, migrou para hoje estar consignada como sendo direito fundamental de quarta dimensão.

Os direitos fundamentais desta dimensão sofrem influência da globalização da economia. Trata-se de um elenco de direitos que hão de ser – o mais que possível – universalizados, vez que haverão de estar presentes nos diversos países que compõem os blocos econômicos.

Não seria fácil a aglutinação de Estados que tivessem ideais divergentes acerca de múltiplos fatores, dentre os quais os afetos à democracia, à informação, à preservação laboral. Como a mundialização da economia trouxe consigo a criação de uma aldeia global, deve-se ter em mente que é inevitável o processo de aproximação política, cultural e social.

Como estamos ainda na fase de acomodação da nova ordem mundial, é prematuro se pretender estabelecer números clausos para cs direitos de quarta dimensão. A nosso ver, deve-se elaborar listagem meramente exemplificativa, que deverá ser enriquecida com a maturação e/ou desdobramentos da globalização.

Não obstante se tenha em mente que o processo ainda não foi concluído, e que se vislumbra uma efervescência de variáveis, não seria pre-

Direito Constitucional do Trabalho
ASPECTOS CONTROVERSOS DA AUTOMATIZAÇÃO

cipitado asseverar que a proteção em face da automação, regra inserta no art. 7º, inciso XXVII, da Carta Política vigente no Brasil, é um claro exemplo de direito fundamental de quarta dimensão.

O professor Ingo Sarlet, retratando pensamento constitucional vanguardista, aduz que:

> Ainda no que tange à problemática das diversas dimensões dos direitos fundamentais, é de se referir à tendência de reconhecer a existência de uma quarta dimensão, que, no entanto, ainda aguarda sua consagração na esfera do direito internacional e das ordens constitucionais internas.[20]

O professor Paulo Bonavides foi quem introduziu, no ordenamento jurídico interno, o ideário dos direitos fundamentais de quarta dimensão, retratando que os mesmos têm, como pano de fundo, a globalização da economia.

Afirma o autor que os direitos fundamentais hão de ser globalizados para que se verifique a mantença de seu caráter de universalização, teorizando que:

> Globalizar direitos fundamentais equivale a universalizá-los no campo institucional. Só assim aufere humanização e legitimidade um conceito que, doutro modo, qual vem acontecendo de último, poderá aparelhar unicamente a servidão do porvir. A globalização política na esfera da normatividade jurídica introduz os direitos de quarta geração, que, aliás, correspondem à derradeira fase de institucionalização do Estado social. São direitos da quarta geração o direito à democracia, o direito à informação e o direito ao pluralismo. Deles depende a concretização da sociedade aberta para o futuro, em sua dimensão de máxima universalidade, para a qual parece o mundo inclinar-se no plano de todas as relações de convivência.[21]

A conclusão a que se pode chegar, com base nas assertivas propostas pelo constitucionalista supracitado, é a de que os direitos de quarta dimensão irão formar o conjunto de preceitos de maior preocupação do direito comunitário, dizem respeito ao futuro da sociedade e da concepção aberta ou sociológica de cidadania e o porvir da liberdade de todos os povos.

Os direitos fundamentais de quarta dimensão, como visto acima, não haverão de respeitar barreiras ou fronteiras geográficas. São os chamados direitos comunitários, que transcendem parâmetros tradicionais, seculares e anacrônicos de limites físicos da validade e que haverão de ter primazia sobre os comandos normativos internos.

Verifica-se, com solar clareza, a marcante influência do ideário da Revolução Francesa, na senda dos direitos fundamentais, movimento social que propugnava por liberdade, igualdade e fraternidade.

---

[20] SARLET, *op. cit.*, p. 54.
[21] BONAVIDES, *op. cit.*, p. 524-525.

À guisa de conclusão parcial e reforçando-se esta inspiração do movimento popular francês disposto acima, sem que se possa perder de vista que a tetradimensionalidade dos direitos fundamentais não tem o condão de pugnar pela impenetrabilidade de um direito de uma dimensão em outra distinta, não seria reprovável afirmar que os direitos de primeira dimensão têm marcante traço de liberdade, os de segunda, um aspecto de trato isonômico e os de terceira dimensão, o cunho solidário, assistencialista e fraternal de se buscar uma melhoria nas condições de vida para toda a coletividade.

Feitas estas breves digressões sobre a tetradimensionalidade dos direitos fundamentais e o conseguinte enquadramento da proteção em face da automatização como sendo uma salvaguarda de quarta dimensão, permite-se tecer rápidas ponderações acerca dos direitos fundamentais, quer quanto ao aspecto formal, quer quanto ao material.

1.4. Os direitos fundamentais formais e materiais

Pode-se aduzir, de modo direto, em uma classificação não muito rebuscada, que existem os direitos formalmente e os materialmente fundamentais.

Os primeiros são aqueles em que se observou todo procedimento formal para que o direito a ser preservado estivesse inserido no rol dos direitos fundamentais. Existem tópicos que não são próprios da salvaguarda adicional que é conferida aos direitos fundamentais, mas que mesmo assim são especialmente protegidos em decorrência de aspectos procedimentais.

Já os direitos materialmente fundamentais são, em sua força íntima ou essência, assuntos que se revestem da necessidade de maior abrigo contra mudanças normativas. São tópicos que mesmo não estando explícitos como direitos fundamentais gozam desta natureza. Não se pode olvidar, inclusive, que caso existisse uma gradação entre os direitos fundamentais, os de cunho material teriam primazia em relação aos de silhueta ou contorno meramente formais.

O professor J. Canotilho, albergando os estudos de Robert Alexy[22] sobre a fundamentalidade dos direitos, foi muito feliz em estratificá-los como sendo possuidores de uma acepção formal e outra material. Para os eméritos juristas, a fundamentalidade formal está inquebrantavelmente

---

[22] ALEXY, Robert. *Teoria de los derechos fundamentales*. Madrid: Centro de Estudios Constitucionales, 1993.

ligada à constitucionalização do direito, ou seja, em conotações extrínsecas, enquanto a material liga-se ao conteúdo, isto é, para abordagens intrínsecas.

Confirmando as alegações anteriores, permite-se transcrever os esclarecedores pensamentos do constitucionalista português, para quem a:

> Fundamentalidade formal, geralmente associada à constitucionalização, assinala quatro dimensões relevantes: (1) as normas consagradoras de direitos fundamentais, enquanto normas fundamentais, são normas colocadas no grau superior da ordem jurídica; (2) como normas constitucionais encontram-se submetidas aos procedimentos agravados de revisão; (3) como normas incorporadoras de direitos fundamentais passam, muitas vezes, a constituir limites materiais da própria revisão (cfr. CRP, art. 288º/ d e e); (4) como normas dotadas de vinculatividade imediata dos poderes públicos constituem parâmetros materiais de escolhas, decisões, acções e controlo, dos órgãos legislativos, administrativos e jurisdicionais (cfr. afloramento desta idéia no art. 18º/ 1 da CRP). A idéia de fundamentalidade material insinua que o conteúdo dos direitos fundamentais é decisivamente constitutivo das estruturas básicas do Estado e da sociedade. Prima facie, a fundamentalidade material poderá parecer desnecessária perante a constitucionalização e a fundamentalidade formal a ela associada. Mas não é assim. Por um lado, a fundamentalização pode não estar associada à Constituição escrita e a idéia de fundamentalidade formal como o demonstra a tradição inglesa das Common-Laws Liberties. Por outro lado, só a idéia de fundamentalidade material pode fornecer suporte para: (1) a abertura da constituição a outros direitos, também fundamentais, mas não constitucionalizados, isto é, direitos material mas não formalmente fundamentais (cfr. CRP, art. 16º/ 1º); (2) a aplicação a estes direitos só materialmente constitucionais de alguns aspectos do regime jurídico inerente à fundamentalidade formal; (3) a abertura a novos direitos fundamentais (Jorge Miranda). Daí o falar-se, nos sentidos (1) e (3), em cláusula aberta ou em princípio da não tipicidade dos direitos fundamentais. Preferimos chamar-lhe 'norma com fattispecie aberta' (Baldassari) que, juntamente com uma compreensão aberta do âmbito normativo das normas concretamente consagradoras de direitos fundamentais, possibilitará uma concretização e desenvolvimento plural de todo o sistema constitucional.[23]

Após esta singular aula acerca dos aspectos formais e materiais dos direitos fundamentais, nada mais resta a acrescentar, a não ser que estes prismas não são incongruentes. Ao contrário, devem convergir para que se possa dar efetividade aos direitos fundamentais.

Em cerebrina hipótese de se estabelecer normas fundamentais antagônicas, o que seria tecnicamente chamado de antinomia, tem-se como acertado afirmar que as normas materialmente fundamentais serão prevalentes em relação às que forem fundamentais apenas no seu aspecto formal. Havendo a efetivação da hipótese lançada, estar-se-ia diante da

---

[23] CANOTILHO, J. J. Gomes. *Direito Constitucional e Teoria da Constituição*. 3. ed. Coimbra: Almedina, 1999, p. 355-356.

necessidade de harmonização do subsistema normativo constitucional, o que traria consigo a necessidade do controle de constitucionalidade e a constatação de ser possível a norma constitucional inconstitucional.[24]

Quanto à preservação dos trabalhadores em face da automatização, matéria central do presente estudo, quer aparentar que tal norma tem ares de formalmente fundamental, não estando dentre aquelas matérias que deveriam, pela sua natureza íntima ou essência, receber a especial salvaguarda do direito constitucional, assunto que será estudado com maior detalhamento a seguir.

1.5. Enquadramento da proteção em face da automatização no campo dos direitos fundamentais

Com supedâneo em todas as ponderações doutrinárias firmadas acima sobre os direitos fundamentais, deve-se estabelecer uma ponte entre os mesmos e a proteção que os trabalhadores possuem, quanto aos seus postos de serviço, em virtude do incremento da técnica.

Analisando a questão sob o aspecto das dimensões dos direitos fundamentais, é uma verdade insofismável que a proteção em razão da automação tem natureza de direito fundamental de quarta dimensão, vez que deriva da realidade globalizante que circunda as relações laborais hodiernas.

Ademais, a preservação dos postos de serviço é alvo de preocupação do direito comunitário, vez que haverão de ser harmonizadas as legislações trabalhistas no âmbito dos países que formarem os blocos econômicos. Tal fato fortalece a tese de que se está diante de um direito fundamental de quarta dimensão e nos faz aduzir que os limites geográficos de validade normativa perderão espaço para regras protetivas internacionais.

---

[24] OTTO BACHOF externou, na aula inaugural da Heidelberg, em 20 de julho de 1951, o seu pensar acerca da existência de normas constitucionais inconstitucionais, contrapondo-se a teorização daqueles, como Paulo Bonavides, que entendem que o primado da unidade constitucional, também conhecido como princípio da unidade hierárquico-normativa da Constituição, não permitiria normas constitucionais contrapostas, mormente quando derivadas do mesmo poder constituinte originário. A jurisprudência brasileira mostrou-se contrária à possibilidade de normas constitucionais originárias inconstitucionais, circunstância que se infere da leitura do voto do Ministro Moreira Alves, na Ação Direta de Inconstitucionalidade 815-3, publicado na RT 732/147. Ao tomar esta linha de tirocínio, admitiu apenas a inconstitucionalidade de norma constitucional derivada. Muito embora reconheça a pujança da corrente opositora, o presente estudo encampa o pensamento do doutrinador alienígena, entendendo que existem normas constitucionais de maior e de menor valia e, quando os preceitos constitucionais são cotejados e não se vislumbre harmonia normativa, haverá de se priorizar as normas materialmente constitucionais em desfavor daquelas que são constitucionais apenas quanto ao prisma formal. O leitor que pretenda beber de fonte mais cristalina não pode se privar da leitura da obra do catedrático alemão Otto Bachof, intitulada *Normas Constitucionais Inconstitucionais?*.

Uma prova viva do que se aduz acima é a existência de uma série de convenções da Organização Internacional do Trabalho,[25] que estão sendo chanceladas ou subscritas por diversos países, todas no afã de preservar o mercado de trabalho humano em tempos de valorização excessiva dos maquinários das empresas.

Ademais, há de se constatar que a preservação em face da automatização é uma norma fundamental quanto ao aspecto formal. Sim, seguindo o pensar de Robert Alexy e de J. Canotilho, a norma inserta na Constituição da República Federativa do Brasil, especificamente em seu art. 7º, inciso XXVII, é detentora de fundamentalidade procedimental, vez que foram observados todos os requisitos formais para a constitucionalização da norma.

Não se pode perder de vista, no entanto, o que fora dito na seção 1.3 deste capítulo, no que concerne à necessidade de averiguação contínua dos direitos fundamentais para se verificar se os mesmos ainda permanecem dentro de suas dimensões originárias ou se migraram para outras dimensões.

Sim, a visão tradicional e majoritária da doutrina de entender que haveria uma estratificação dos direitos fundamentais em dimensões incomunicáveis entre si se nos aparenta ultrapassada.

Neste caso específico da preservação do mercado humano de trabalho, é de geral sabença que, por se tratar de um direito social, a sua gênese tem correlação com a segunda dimensão dos direitos fundamentais.

Porém, com a nova realidade política, econômica e social mundial existe uma preocupação global na diminuição do desemprego, o que permite a conclusão que a salvaguarda do mercado de trabalho humano tem, hodiernamente, preferencial morada na quarta dimensão dos direitos fundamentais.

Corroborando com o dito, impende destacar que a preocupação da mantença dos postos de serviços existentes e a criação de novas frentes de trabalho têm contornos globais, fato que pode ser inferido da mera análise de várias recomendações de preservação de trabalho humano firmadas pela Organização Internacional do Trabalho (OIT).

Contudo, quer aparentar que a preservação do mercado de trabalho humano, assim como os demais direitos sociais, carecem de fundamentalidade material, uma vez que não se constata – neste fato regulado pelo direito – aspecto intrínseco com os direitos fundamentais, constituindo-se como sendo direito fundante formal.

---

[25] Para uma leitura mais detalhada acerca da Organização Internacional do Trabalho, remete-se o leitor para a seção 4.3 do capítulo 4 deste escrito.

1.6. A eficácia dos direitos fundamentais, mormente os direitos sociais

Problema que tem ensejado uma grande preocupação entre os cultores do direito é o da eficácia dos direitos fundamentais, principalmente quando os mesmos estão ligados aos direitos sociais. O que é voz corrente é que existe um abismo entre a previsão constitucional das garantias em apreço e a realidade fática. Tal situação faz concluir pela necessidade de se implementar ou conferir a eficácia das normas fundamentais.

J. Canotilho[26] proclama que deveria haver a morte das normas constitucionais de índole programática. O catedrático luso, no entender particular desta obra, não advoga a tese de que as normas que estabelecem um programa hão de ser afastadas do ordenamento jurídico, porque estas não são acompanhadas de cunho punitivo, ou em virtude de que o dogma da supremacia da Norma Constitucional estaria posta à prova quando se inserem dispositivos programáticos na Lei Maior.

Não, o que pretende o autor, sob a ótica conclusiva a que este breve estudo chegou, é que exista um avanço social que possibilite o alcance de todos os programas listados nas epigrafadas normas.

Uma vez conquistadas as metas previstas nas normas programáticas, elas faleceriam de pleno direito em decorrência do perecimento do seu objeto. O fito da norma programática é ditar uma meta a ser alcançada pela sociedade, de forma que, com a conquista do programa instituído pelo dito comando normativo, este não mais tem razão de existência. Logo, o alcance cotidiano do que fora proposto pelo programa normativo faria com que elas perecessem. Morreriam enquanto programáticas, ao mesmo passo em que seriam cada vez mais vivenciadas pela sociedade.

Mutatis mutandi, a pretensão do constitucionalista europeu é a mesma que ora se externa, a de vislumbrar uma evolução na sociedade brasileira, evolução esta que possibilite um caminhar paralelo entre a previsão supralegal dos direitos fundamentais e sua aplicabilidade no cotidiano nacional.

A proteção do mercado de trabalho humano da galopante modernização da cibernética, da robótica e da técnica de uma forma geral é norma constitucional encravada dentre os demais direitos sociais. Desta forma, a análise da eficácia dos direitos fundamentais possui especial relevo para o presente estudo.

Para que os direitos fundamentais sejam protegidos da ineficácia pragmática, foram criados mecanismos jurisdicionais de defesa. Os meios jurídicos de salvaguarda mais efetivos de que dispõem os cidadãos para

---

[26] CANOTILHO, *op. cit.*, p. 1.102.

Direito Constitucional do Trabalho
ASPECTOS CONTROVERSOS DA AUTOMATIZAÇÃO

que seus direitos fundamentais não sejam olvidados são: a garantia de acesso ao Poder Judiciário, o direito à concessão da tutela jurisdicional, a isonomia processual, direito de intentar demanda popular, a legitimidade para requerer a instauração de processo administrativo, a responsabilização do agente que tenha aviltado ou vulnerado os seus direitos mais caros, além de outras garantias processuais insertas na Carta Constitucional. Faz-se necessário tecer breves considerações sobre os referidos mecanismos de instrumentalização dos direitos fundamentais.

1.6.1. Acesso ao Poder Judiciário

Quando determinado cidadão entender que seu direito fundamental foi afrontado por outrem ou está na iminência de ser vulnerado, pode levar o fato ao conhecimento do Poder Judiciário. Tal fato decorre do primado da inafastabilidade ou indeclinabilidade de jurisdição, que está inserta no art. 5º, inciso XXXV, da vigente Lei Fundamental do Brasil.

Registre-se, *oportuno tempore*, que, na República Federativa do Brasil, a atribuição de dizer a quem pertence o direito é um monopólio estatal, sendo considerada um poder-dever. Entretanto, para que surja o mister de prestar a jurisdição, é essencial que o jurisdicionado provoque a atuação do Estado, eis que o Poder Judiciário não atua de ofício.

Esta possibilidade, de se levar ao conhecimento do Poder Judiciário todas as circunstâncias que o jurisdicionado entende como efetivamente ou potencialmente lesivas ao seu direito, em decorrência do cânone de livre acesso à justiça, independe de pagamento de custas processuais e demais emolumentos forenses, nomeadamente quando ele for pobre na forma da lei. No direito *tupiniquim*, desde o advento da Lei de Assistência Judiciária Gratuita (Lei nº 1.060/1950), tem-se que os menos abastados podem utilizar-se do aparato judicial do Estado sem que seja necessário qualquer contributo monetário.

Sábias foram as palavras do professor Araken de Assis, quando ele diagnosticou a importância da graciosidade da justiça para a efetivação do acesso ao Poder Judiciário e, via de conseqüência, a possibilidade de aquela instituição protetora dos direitos e garantias fundamentais atuar, repressiva ou preventivamente, no intuito de eliminar qualquer ato nocivo aos direitos dos jurisdicionados.

Afirma o autor em referência que:

> É natural que, evitando tornar a garantia judiciária inútil à maioria da população, e ao menos para os desprovidos de fortuna e recursos, a ordem jurídica estabeleça mecanismos de apoio e socorro aos menos favorecidos. Antes de colocar os necessitados em situação material de igualdade, no processo, urge fornecer-lhes meios mínimos para ingressar na Justiça, em embargo da ulterior necessidade de recursos

e armas técnicas, promovendo o equilíbrio concreto. Neste sentido, a gratuidade é essencial à garantia do acesso à Justiça.[27]

De todo o exposto, fica cristalina a importância do Poder Judiciário no que diz respeito à implementação e o respeito aos direitos fundamentais, vez que a ele cabe, como função típica, o julgamento.

Sendo assim, sempre que alguma pessoa física ou jurídica não observar o direito fundamental alheio estará sujeita à atuação típica do Poder Judiciário.

1.6.2. O direito à concessão da tutela jurisdicional

Outra forma encontrada pelo constituinte de dar eficácia aos direitos fundamentais foi o de compelir o Estado, que ainda é – no Brasil – o detentor do monopólio da jurisdição, a atribuição de dizer a quem pertence o direito.

Assim, sempre que algum direito deste quilate for desrespeitado ou estiver na iminência de sê-lo, emerge a possibilidade de se noticiar o fato ao Judiciário, que deverá atuar no sentido de reprimir a circunstância nociva aos direitos fundamentais do postulante (atuação repressiva) ou evitar que se efetive a mácula ao direito fundamental do demandante (agir preventivo).

Com efeito, e como já explicitado no item acima, a regra constitucional do art. 5º, inciso XXXV, sinaliza com a obrigatoriedade da atuação judicante estatal, desde que haja a provocação. O Poder Judiciário é regido pelo primado da inércia, ou seja, não atua de ofício. Contudo, uma vez provocado, ele haverá de ofertar toda a sua máquina administrativa para conceder a prestação jurisdicional àqueles que a tenham requerido. Registre-se que, mesmo não havendo norma específica para o julgamento da controvérsia jurídica, o Estado, na pessoa do Magistrado, haverá de prestar jurisdição. Para tanto, deverá se valer – segundo preconiza o art. 4º da Lei de Introdução ao Código Civil c/c os artigos 126 e 127 do Código de Processo Civil – da analogia, dos costumes, dos princípios gerais do direito e da eqüidade.

A doutrina processualística já se manifestou sobre a impossibilidade de o magistrado deixar de conceder a jurisdição sob a alegação de carência do subsistema normativo. Tal fato é corroborado pelas palavras de Nery Júnior, senão vejamos:

---

[27] ASSIS, Araken de. *Garantia de acesso à justiça: benefício da gratuidade.* In: *Garantias constitucionais do processo civil.* José Rogério Cruz e Tucci (Org.). São Paulo: Revista dos Tribunais, 1999, p. 10.

A regra geral hierárquica para o juiz decidir é a seguinte: em primeiro lugar deve aplicar as normas escritas (legais); não as havendo, decidirá a lide aplicando, pela ordem, a analogia, os costumes ou princípios gerais do direito.[28]

Em suma, a norma prevê a inafastabilidade ou indeclinabilidade de jurisdição, que consiste na vedação de o magistrado pronunciar o *non liquet,* alegando lacuna ou obscuridade normativa. O Estado, na figura do Julgador, deve sempre resolver a lide entre as partes, valendo-se de outros mecanismos quando a lei for omissa ou obscura.

1.6.3. A isonomia processual

Aspecto reinante na efetivação judicial dos direitos fundamentais é o fato de que os litigantes hão de ser tratados com isonomia, o que reforça a tese da imparcialidade do Poder Judiciário e o conseguinte princípio do Juiz Natural.

A isonomia de tratamento nos feitos, quer sejam eles judiciais ou administrativos, decorre de imperativo constitucional (art. 5º, *caput*). O que se aparenta merecedor de destaque é o fato de que o tratamento igualitário entre as pessoas é um direito fundamental. Assim sendo, este direito fundamental servirá de base para a implementação de outros tantos, especialmente quando houver tratamento discriminatório em contendas que estiverem sendo discutidas no plano da Administração Pública ou no Poder Judiciário.

Não se pode perder de vista o alcance e o conteúdo jurídico do princípio da igualdade processual. O direito ao tratamento protegido de discriminação processual não só alcança as normas atualmente previstas no nosso ordenamento jurídico, mas também atinge a própria elaboração de *novel* regulamentação processual, impedindo que o legislador venha a estabelecer tratamentos favorecidos ou prejudiciais a quem quer que seja.

O entendimento está escudado na melhor doutrina brasileira, consoante se pode relembrar as aulas de Francisco Campos, ao afirmar que:

> Não poderá subsistir qualquer dúvida quanto ao destinatário da cláusula constitucional da igualdade perante a lei. O seu destinatário é, precisamente, o legislador e, em conseqüência, a legislação; por mais discricionários que possam ser os critérios da política legislativa, encontra no princípio da igualdade a primeira e mais fundamental de suas limitações.[29]

---

[28] NERY JÚNIOR, Nelson. *Código de Processo Civil Comentado e Legislação Processual Civil Extravagante em Vigor.* 5. ed. São Paulo: Revista dos Tribunais, 2001, p. 581.

[29] CAMPOS, Francisco. *Direito Constitucional: Vol. II.* São Paulo: Freitas Bastos, 1956, p. 30.

Sabe-se que a igualdade defendida no seio constitucional é a aristotélica, que aduz que se deve tratar igualmente os iguais e desigualmente os desiguais, na exata proporção de suas desigualdades. Tratar desiguais de forma simétrica quer aparentar ser injusto, ao passo que dispensar a pessoas iguais um trato diferenciado nos aparenta ato discriminatório, fato reprovável no mundo do direito. Assim, tem-se que não é paradoxal afirmar-se que existem distinções que não afrontam a isonomia, e outras que a ferem de morte.

Mesmo o direito processual constitucional não sendo o ponto central deste estudo, e também tendo em mente a hermenêutica da igualdade aristotélica explanada acima, não seria aceitável deixar passar *in albis* o fato de que o ordenamento infraconstitucional brasileiro trata o Estado com preocupantes privilégios. Apenas à guisa de exemplificação, não aparenta respeitoso ao princípio fundamental da igualdade o fato de o Ente Público ter prazo quadruplicado para contestar uma demanda e dobrado para recorrer das decisões. Igualmente injusta, no entender deste escrito, é a remessa oficial dos processos em que houver a condenação da fazenda pública.

Enfocando a questão sob o sempre percuciente campo ótico do professor Celso Mello, tem-se que o tratamento favorecido ao Estado se enluva nas hipóteses de diferenciações que não podem ser feitas sem afrontamento da isonomia.

O festejado publicista assinala que três critérios hão de ser observados para que se possa ter um diagnóstico da aceitabilidade, ou não, do tratamento desigual, tendo lavrado, com pena de ouro, o seguinte asserto:

> Tem-se que investigar, de um lado, aquilo que é adotado como critério discriminatório; de outro, cumpre verificar se há justificativa racional, isto é, fundamento lógico, para, à vista do traço desigualador acolhido, atribuir específico tratamento jurídico construído em função da desigualdade proclamada. Finalmente, impende assinalar se a correlação ou fundamento racional abstratamente existente é, in concreto, afinado com os valores prestigiados no sistema normativo constitucional. A dizer: se guarda ou não harmonia com eles.[30]

Logo, tem-se que o tratamento igualitário deve ser só excetuado em situações extremas, e que a igualdade processual confere uma maior garantia de aplicabilidade dos direitos fundamentais, vez que o infrator dos mesmos não terá nenhum favorecimento jurídico para continuar a infringir ditos direitos.

---

[30] MELLO, Celso Antônio Bandeira de. *Conteúdo Jurídico do Princípio da Igualdade*. 3. ed. São Paulo: Malheiros, 1999, p. 21-22.

1.6.4. Direito de intentar demanda popular

Mais um instrumento posto à disposição dos cidadãos na defesa dos direitos fundamentais é o da ação popular. Com efeito, a Norma Cume de 1988 – alargando as hipóteses de persecução judicial da demanda popular, preteritamente listadas na Lei 4.717/1965 – afirma que qualquer cidadão pode por meio dela defender o patrimônio público, histórico e cultural, além da moralidade administrativa e do meio ambiente.

Com relação a este derradeiro item, pode-se aduzir que a salvaguarda do meio ambiente ecologicamente equilibrado, que é um bem de uso comum de todos e que deve ser preservado para as presentes e futuras gerações, conforme dita o art. 225 da Norma Ápice em vigor, mostra-se como direito fundamental de solidariedade.

Sim, a demanda popular será abordada "como garantia instrumental em razão de tutelar pelo menos um direito fundamental, qual seja o direito ao meio ambiente adequado".[31]

Como é curial, a ação popular tem por fito fomentar uma parceria entre a administração e o administrado, para que com ela este possa fiscalizar a atuação daquela. O referido monitoramento, além de aumentar o senso de civismo e propiciar uma evolução da consciência social, torna os entes humanos co-responsáveis pelos atos praticados pelo Estado, vez que se o cidadão tem ciência de um ato nocivo aos direitos albergados na ação popular e não afora a competente demanda, estará incorrendo omissão caracterizadora de culpa *in vigilando*.

O intuito do constituinte pátrio de forjar esta parceria era tanta que se estabeleceu a graciosidade da justiça para este tipo de demanda, salvo em casos em que o feito for ajuizado com má-fé ou deslealdade processual. Assim, lapidares são as expressões de Ramon de Oliveira, no sentido de deixar inconteste o intuito de proteção de interesses plurais, coletivos e fundamentais, por meio de substituição processual, eis que o autor popular atua, na lide forense, como substituto de toda a sociedade, consoante se verifica a seguir:

> A ação popular é uma forma do exercício da soberania popular, pois permite ao povo, diretamente exercer a função de fiscalização do Poder Público (vide CF, arts. 1º e 14), sendo também um remédio que protege interesses difusos, aqueles que transcendem a uma pessoa e que interessam a todos ou à coletividade.[32]

---

[31] FERREIRA FILHO, Manuel Gonçalves. *Direitos Humanos Fundamentais*. 2. ed. rev. e atual. São Paulo: Saraiva, 1998, p. 154.

[32] OLIVEIRA, Ramom Tácio de. *Manual de Direito Constitucional*. Belo Horizonte: Del Rey, 2000, p. 98.

1.6.5. A legitimidade para requerer a instauração do processo administrativo

O cidadão que tiver seu direito fundamental afrontado por agente administrativo tem legitimidade para requerer a instauração de processo administrativo disciplinar contra o agressor.

Esta possibilidade é de suma importância, uma vez que inibe que os servidores públicos, como agentes representativos do Estado, maculem os preceitos mais caros dos cidadãos, que são os seus direitos fundamentais.

A Constituição Federal de 1988, com o advento da Emenda Constitucional 19/1998, plasma – no inciso III do § 3º do art. 37 – que o usuário dos préstimos públicos poderá representar o exercente de cargo, emprego ou função pública que agir com negligência ou com abuso de autoridade ou de poder.

A *novel* positivação constitucional serve para reforçar pensamento doutrinário já sedimentado, o de que o desrespeito praticado por agente público aos direitos fundamentais dá azo à apuração administrativa, passível de punições que margeiam a branda advertência e a ríspida demissão.

Registre-se, outrossim, que além de todos os meios jurídicos para que se possa implementar os direitos fundamentais, existem aqueles procedimentos não judiciais que têm o mesmo intuito. J. Canotilho[33] assevera que a proteção dos direitos fundamentais rompe a barreira dos meios de defesa jurisdicionais, sendo presentes os meios de defesa não-jurisdicionais.

Entrementes, não obstante exista todo este aparato judicial ou até mesmo extrajudicial no sentido de se dar eficácia às normas que encerram direitos fundamentais, é uma sóbria verdade o fato de que a efetivação destes direitos reclama uma mudança evolutiva da sociedade, muito mais drástica e complexa de uma simples alteração de parâmetros legais. Destarte, cristaliza-se a idéia de que a eficácia das normas fundamentais liga-se, diretamente, ao amadurecimento social acerca dos valores expressos nas referidas imposições normativas.

1.7. Conclusões do capítulo

Ao fim e ao cabo da exposição teórica deste capítulo, se têm por firmadas as conclusões que se seguem:

---

[33] O constitucionalista português afirma que existem problemas específicos para a implementação dos direitos econômicos, sociais e culturais. Realça a preocupação do direito internacional com a matéria e afirma que se pode encontrar no direito de resistência, no direito de petição, no direito a um procedimento justo, no direito à autodeterminação informativa, no direito ao arquivo aberto e as garantias impugnatórias no procedimento administrativo, os meios de defesa não jurisdicionais. *Op. cit.* 459 e segs.

1) Os direitos fundamentais possuem, como tronco comum, a maior observância estatal de aspectos atinentes à dignidade da pessoa humana. Na exata medida em que o Estado encara o ser humano na sua plenitude e inteireza, sem minimizações biológicas, tomando o mesmo como sendo agente de vontades e de racionalidade, ele permite que se crie todo o pano de fundo para o surgimento e/ou a sedimentação dos direitos fundamentais.

2) Direitos fundamentais, segundo o prisma estatal ou constitucional, são aquelas garantias que a Lei Maior fez inserir em seu corpo, para plasmar a conquista da liberdade, da igualdade e da fraternidade (solidariedade).

3) Tendo em mente que a sociedade se encontra em constante evolução, tem-se, por via oblíqua, que os direitos fundamentais também o estão. Desse modo, forçoso reconhecer que diversas são as dimensões dos direitos fundamentais. A corrente doutrinária a que se filia este estudo dá conta da existência de uma tetradimensionalidade dos direitos fundamentais.

4) Os direitos fundamentais formais são aqueles que não têm, em essência, cunho que requeira especial salvaguarda estatal, mas que por uma escolha do constituinte foram insertos na compilação jurídico-constitucional. Já os direitos fundamentais materiais possuem, internamente, correlação com o ente humano e a busca dos valores consagrados na Revolução Francesa. Pode-se aduzir, sem embargo, que os direitos fundamentais formais possuem o elemento extrínseco como caracterizador de sua fundamentalidade, enquanto os materialmente fundamentais possuem o elemento intrínseco como marca indiscutível de seu *status* de direito fundamental.

5) Os mecanismos judiciais e extrajudiciais que buscam a eficácia dos direitos fundamentais constituem-se em aspectos paliativos da corrente inobservância de algumas destas garantias. Apenas o avanço e a evolução da sociedade é que permitirá a desejada aplicação diuturna das normas constitucionais fundamentais.

6) A proteção em face da automatização e a conseguinte preservação do mercado de trabalho humano se reveste como sendo um direito fundamental de quarta dimensão, muito embora possua fundamentalidade apenas quanto ao seu aspecto formal, e tende a ser uma preocupação cada vez mais marcante em ordenamentos jurídicos internos e internacionais.

7) No que tange ao plano do direito pátrio, o constituinte de 1987/1988 já se preocupou com a matéria, tendo estabelecido, no art. 7º, inciso XXVII, que todos os trabalhadores urbanos e rurais têm direito à proteção em face da automação, condicionando esta salvaguarda a elaboração normativa infraconstitucional.

8) Como a norma regulamentadora ainda não foi confeccionada, tem-se a chamada lacuna constitucional técnica. A respeito do vazio normativo, permite-se a seguir enveredar pela análise da importância de se ter em mente que o subsistema legal é incompleto, o que propicia uma constante evolução jurídica, além da necessidade de se dar maior valia à semiótica jurídica, com vistas a dar eficácia aos comandos positivos.

2. As lacunas jurídicas e a eficácia das normas constitucionais sob o prisma da semiótica

2.1. Introdução ao tema

O presente capítulo tem por objetivo analisar a questão das lacunas e da eficácia do Direito Constitucional, vez que a preservação conferida pelo constituinte nacional ao trabalho humano, em decorrência dos efeitos negativos da automatização, tem contornos de norma constitucional em branco, porque existe uma carência normativa infraconstitucional para o regramento da *vexata quaestio*.

Todavia, para se adentrar na especificidade da carência normativa, do campo do Direito Constitucional, torna-se imperiosa uma visão holística do tema da ausência de norma no ordenamento jurídico.

Para uma adequada apreciação do assunto epigrafado, tomar-se-á como marco inicial uma antiga dicotomia da Ciência do Direito: a completude ou não do ordenamento jurídico.

Antecipadamente, pode-se aduzir que o mundo jurídico é detentor de marcante dinamismo, eis que regula a sociedade, que tem, na sua essência, a característica da evolução e da mutabilidade.

Posto isto, cumpre consignar que a feitura de um ordenamento jurídico desprovido de imprecisões ou até mesmo de omissões – lapsos estes que podem dar-se acerca de fenômenos sociais já vivificados (lacuna *lege lata*) ou futuros (lacuna *lege ferenda*) –, não seria uma exeqüível missão do legislador.

A idéia da plenitude ou perfeição do ordenamento jurídico, que será abordada pormenorizadamente ao longo do texto, possui cristalinos contornos de ideologia – na sua acepção de embuste ou falácia – dos positivistas, porque os mesmos entendiam e entendem que o sistema jurídico conteria tudo, porquanto "nenhum caso que devesse ser juridicamente regulado deixava de ter solução normativa".[34]

Destarte, não haveria a necessidade de colmatação das lacunas, nem se vislumbraria a carência de norma positiva que serve de base para a subsunção decisória.

Ainda no capítulo ora principiado, serão apreciados os critérios de preenchimento das lacunas, as correntes doutrinárias que acolhem e que reprovam a existência das mesmas, proporcionando uma panorâmica visão acerca da matéria em apreço.

Após esta abordagem inicial, far-se-á um estudo da eficácia das normas constitucionais, sob o prisma da semiótica jurídica. Para tanto, permite-se tomar como ponto de partida os escritos de Maria Helena Diniz,[35] dando ênfase ao aspecto da lacuna no campo do Direito Constitucional.

A problemática da eficácia das normas constitucionais forja um elo inquebrantável com a aplicabilidade dos direitos fundamentais, matéria enfocada anteriormente.

Em sendo assim, tem relevo para o estudo da proteção em face da automação, posto que se tem em mente que a mencionada garantia se reveste de direito fundamental de quarta dimensão.

Outrossim, o tema da eficácia das normas jurídicas se atrela com a matéria central deste escrito, visto que o dispositivo constitucional que salvaguarda os trabalhadores do gradativo processo de sua substituição por máquinas, retirando-se os postos de serviço, não é auto-aplicável (*not self-executing provision*), ainda carecendo, como dito alhures, de regulamentação infraconstitucional.

2.2. Existência ou inexistência de lacunas jurídicas

A doutrina especializada na Ciência do Direito, durante anos a fio, travou grande duelo. Tal bipolarização tem como cerne da controvérsia a existência ou não de omissões no ordenamento jurídico.

Para Noberto Bobbio, "a existência das lacunas pode ou não inviabilizar o ordenamento jurídico".[36]

---

[34] ASCENÇÃO, José de Oliveira. *O Direito: Introdução e Teoria Geral: Uma Perspectiva Luso-Brasileira*. Rio de Janeiro: Renovar, 1994, p. 371.

[35] A professora Maria Helena Diniz possui obra de fôlego sobre a matéria vergastada. É o conhecido *Norma constitucional e seus efeitos*, cuja leitura recomendamos.

[36] BOBBIO, Norberto. *Teoria do Ordenamento Jurídico*. Brasília: Editora Universidade de Brasília. 1996, p. 117.

O autor, ao analisar a obra de Francesco Carnelutti,[37] teoriza que existindo na órbita jurídica, concomitantemente, a necessidade de o magistrado julgar, além do mister de se aplicar no julgamento alguma norma inserida na ordem jurídica positiva, existirá uma premente necessidade de se verificar a completude da ordem legal.

Entretanto, se o sistema jurídico adotado acolher elementos extrínsecos, reconhecendo que o Direito não é completo por si só, aceitando como base de julgamento determinado dogma que não esteja previsto na órbita jurídico-normativa, como a eqüidade, por exemplo, estar-se-ia diante de um sistema jurídico em que a lacuna seria suprível com facilidade e correção acadêmica.

Destarte, pode-se afirmar que a previsão de todas as circunstâncias jurídicas está ligada ao sistema que compele o juiz a conceder a prestação jurisdicional em conformidade com os tipos legais disciplinados pelo legislador (*lato sensu*). Nesse caso, não havendo dispositivo legal relativo a certa situação fática, e como o juiz não pode utilizar-se de meios alheios ao ordenamento jurídico, estar-se-ia diante de uma aporia, vez que não haveria possibilidade de se dirimir a querela judicial.

Por sua vez, em outros ordenamentos jurídicos, onde se antevê a completa impossibilidade de o legislador abarcar todas as circunstâncias da vida social, o magistrado, na qualidade de agente político ou de poder, pode lançar mão de seu poder legislativo para o caso concreto. Tal atividade judicante, quando envereda pela senda da elaboração normativa, é claramente uma função atípica do Judiciário, sendo detalhadamente estudada ao longo do presente trabalho.

A República Federativa do Brasil segue a corrente que pugna pela tese de que o sistema legal é incompleto, possibilitando, pois, ao julgador, ditar normas para o caso vertente, sanando parcialmente o problema das lacunas do direito.

A repetição de julgados no mesmo sentido, acerca de matéria não regulada normativamente, o que comumente chama-se de jurisprudência, tende a acarretar a confecção de ato normativo dispondo sobre o tema, o que colmataria, de forma definitiva, a omissão.

Como provas da possibilidade de que detém o magistrado brasileiro em elaborar normas, de forma atípica, pode-se elencar a sentença normativa de que é dotada a Justiça Especializada do Trabalho, além do inovador (para o ordenamento jurídico brasileiro) mandado de injunção, remédio constitucional consagrado na Carta Magna de 1988.

---

[37] CARNELUTTI, Francesco. *Teoria Geral do Direito*. São Paulo: Acadêmica, 1942.

Direito Constitucional do Trabalho
ASPECTOS CONTROVERSOS DA AUTOMATIZAÇÃO

No entender do presente trabalho, a prova inconteste da falta de previsão da totalidade das atitudes humanas serve de supedâneo para a crescente utilização, por parte do Legislativo, de elaboração de normas que contêm um rol ou uma enumeração de natureza meramente exemplificativa e não mais exaustiva como outrora.

O Brasil utiliza-se da linha ideológica que compele o julgador a fornecer ao cidadão a prestação jurisdicional. Isto é o que se pode inferir da leitura do art. 5°, inciso XXXV, da Carta Política Federal, quando o dispositivo constitucional consagrou o princípio da indeclinabilidade ou inafastabilidade de jurisdição.

Então, pode-se aduzir que não se pode falar, nacionalmente, em *"non liquet"* (não convém), que seria a omissão de concessão de dizer a quem pertence o direito por falta de conveniência ou de previsão legislativa, princípio jurídico encontrado no estudo do direito comparado.

Comumente, crê-se que a falta de completude se circunscreveria na ausência normativa sobre determinada circunstância da vida social. Contudo, Francesco Carnelutti assevera que existem duas espécies de incompletudes: a primeira é por exuberância, aquela em que o ordenamento jurídico oferta ao intérprete maneiras conflitantes de dissipação da controvérsia, é a chamada antinomia; a segunda é por carência legislativa, ou seja, quando o legislador não se debruçou sobre uma matéria que é juridicamente relevante, é a chamada lacuna.

O processualista italiano, em sua *Teoria Geral do Direito*, faz uma ligação entre a antinomia e a lacuna, mormente na necessidade de, em ambos os casos, verificar-se a necessidade de purificação do sistema, quer seja pela eliminação do que abunda (antinomias), quer seja pela supressão das omissões (preenchimento das lacunas).

A origem histórica da completude do ordenamento jurídico está relacionada com o aprimoramento do Direito Romano, nomeadamente com a compilação do *Corpus Juris Civilis* que, presunçosamente, não teria nada a acrescentar ou retirar, porquanto já concedia ao intérprete condições para solver todos os problemas jurídicos postos ou a serem apresentados.

Mais modernamente, o Código Napoleônico – que era considerado o máximo da expressão intelectual humana – e a codificação alemã de 1900 fizeram uma verdadeira apologia da perfeição normativa. Os legisladores procuravam imaginar o futuro e já disciplinavam relações jurídicas ainda não vividas.

Estava instituído o conhecido *fetichismo da lei*. Não é coincidência o fato de que a idéia de completude do ordenamento jurídico surge paralelamente ao monopólio legislativo estatal. O Estado se arvora no direito exclusivo de regulamentação da vida social e considera-se perfeito em seu mister. Naquela época, a escola da exegese se fez marcante, defendendo, sobremaneira, a perfeição do ordenamento jurídico.

Com o passar do tempo, começaram a surgir críticas à escola exegética e ao fetichismo legislativo. Como mais severo rival da lógica tradicional dos juristas surge Eugen Ehrlich,[38] reluzente membro da escola do direito livre, defensora de que o dogma da completude se lastreava em três colunas basilares, não necessariamente verdadeiras: a) a proposição maior de cada raciocínio jurídico deve ser a norma jurídica; b) essa norma deve ser sempre uma lei do Estado (fazendo alusão ao monopólio legislativo público) e c) todas essas normas devem formar, no seu conjunto, uma unidade.

A dúvida no tocante à completude ou não do sistema jurídico, suscitado pela escola do direito livre, estremeceu os alicerces da escola exegética.

Em síntese, a plenitude do ordenamento jurídico, tão trabalhada e disseminada pelo positivismo jurídico, sendo hodiernamente seguida por minoritária parte dos doutrinadores, afirmava que todos os problemas sociais que fossem de importância para o mundo jurídico teriam, necessariamente, uma solução prevista em comandos normativos.

Desta forma, mesmo os casos em que não se verificasse explicitamente na ordem jurídica uma resposta para a contenda, ela existiria, estando implícita no sistema. Pela utilização de processos lógicos poder-se-ia solucionar a querela, de forma que o vazio normativo seria sempre aparente, não havendo real lacuna jurídica. Seguindo este caminho intelectivo, o próprio ordenamento jurídico "conteria potencialmente a previsão de todos os casos".[39]

A linha doutrinária defendida por Eugen Ehrlich percorre caminho oposto, asseverando haver impossibilidade fática de se regulamentar todos os atos humanos, ante a constante evolução social, além de conferir ao Julgador a atribuição primordial de criar a norma não prevista preteritamente dentro do ordenamento jurídico. Por entender que o pensamento da escolha livre de direito propicia uma constante evolução normativa, sempre tendo como guia ou bússola a marcha evolutiva da sociedade, esse escrito engrossa as fileiras dos que defendem a incompletude do sistema.

Concluindo o tópico, este trabalho permite refutar os escólios de Karl Engisch, que afirmava ser a lacuna jurídica "uma perfeição insatisfatória dentro da totalidade jurídica",[40] porque a incompletude do sistema jurídi-

---

[38] EHRLICH, Eugen. *Fundamentos da sociologia do direito*. Tradução de René Ernani Gertz, Brasília: UnB, 1986.

[39] FERRAZ JÚNIOR, Tércio Sampaio. *Conceito de Sistema no Direito*. São Paulo: Revista dos Tribunais, 1976, p. 129.

[40] ENGISCH, Karl. *Introdução ao Pensamento Jurídico*. São Paulo: Calouste Gulbenkian, 1968, p. 223.

Direito Constitucional do Trabalho
ASPECTOS CONTROVERSOS DA AUTOMATIZAÇÃO

co-normativo é o fator que possibilita a adequação das leis aos avanços sociais, não contendo a pecha de falha o fato de não se ter previsto determinado ato ou fato jurídico.

Caso se verificasse o sistema jurídico como algo hermeticamente fechado, haveria, por via de conseqüência, um engessamento das relações sociais e humanas. Então, a lacuna é, em derradeira análise, além de satisfatória, pois demonstra que a humanidade continua a evoluir, o fator que possibilita a adequação da seara jurídica ao dinamismo social.

2.3. Colmatação das lacunas

Após a discussão acerca da incompletude do sistema jurídico, analisar-se-á o preenchimento das omissões legislativas.

Partindo-se da premissa de existência de lacunas no ordenamento jurídico, serão analisados os meios ou mecanismos conferidos pela legislação tupiniquim para a colmatação das mesmas.

Neste particular, deve-se ter em mente que a Lei de Introdução ao Código Civil preconiza, em seu artigo 4°, que existe possibilidade de preenchimento do vazio normativo por intermédio da analogia, dos costumes, dos princípios gerais do direito e eqüidade.

A analogia pode ser definida como sendo a prorrogação da tipificidade de um caso social assemelhado. Em outras palavras, pode ser entendida por aplicação análoga quando o intérprete da norma se deparar com a inexistência específica de uma norma que regule a matéria em apreço. Todavia, existe semelhante caso com disposição positiva. Destarte, verificar-se-á a aplicabilidade da norma para o caso aparentado. Utilizando-se da técnica da simbologia, academicamente conhecida como semiótica, poder-se-ia esclarecer o conceito afirmando que: dado A (determinado fato ou ato jurídico) deve ser B (sanção prevista no ordenamento jurídico e aplicada pelo julgador), dado A' (determinado fato ou ato jurídico com contornos de A), sendo este sem regulamentação normativa, deve ser B (aplicar-se-á a sanção prevista para o caso A).

O costume – que pode ser objetivo (o ato reiterado) ou subjetivo (convicção ou consciência da obrigatoriedade), por seu turno, é uma norma (sentido amplo de imposição) que ou deriva da longa prática uniforme, ou da geral e constante repetição de dado comportamento sob a convicção de que sua obrigatoriedade corresponde a uma necessidade jurídica. Trata-se da mais antiga e tradicional fonte do direito.

Os princípios gerais do direito são, na conceituação de Nicola Coviello, os "pressupostos lógicos e necessários das diversas normas legislativas".[41] No que concerne aos princípios gerais do direito, dificultoso é o estabelecimento de seu elenco, ao menos com cunho de números exatos, visto que novos primados emergem da evolução cotidiana da sociedade.

Preleciona Miguel Serpa Lopes, com relação à importância dos cânones gerais do direito em razão da incompletude do sistema legal e sobre uma necessária limitação ao poder conferido aos magistrados para a colmatação das lacunas jurídicas, que:

> Indubitavelmente a idéia dos princípios gerais do Direito, consagrada por quase todos os códigos, se impõe, como expediente necessário a suprir as omissões da lei. Esse poder do juiz de buscar a norma reguladora da espécie omitida pelo Direito positivo não pode ser desmedido, ao seu talante, ao sabor de suas concepções íntimas. Tem que se embeber nos valores que informam o Direito, como os princípios jurídicos, os princípios do Direito natural, os princípios tradicionais, os princípios políticos e a eqüidade.[42]

A eqüidade, por fim, é tida como uma flexibilidade interpretativa da rigidez normativa. Sim, aplicar a norma com eqüidade é, antes de tudo e de mais nada, impor à hermenêutica tom humano e social. Há autores, inclusive, que asseveram, que a dificuldade de conceituação da eqüidade é diretamente proporcional à facilidade de senti-la. É por meio da eqüidade que se possibilita ao magistrado o abrandamento do rigorismo da norma, que é geral e abstrata, tendo em vista as circunstâncias próprias de cada caso concreto.

Partindo-se da premissa inaugural de que o ordenamento jurídico-normativo não é completo e acabado, não apresentando uma plenitude hermética, chega-se à conclusão de que se faz mister, em estudo de caso concreto, preencher as lacunas eventualmente existentes. Para tal colmatação, a ordem normativa interna permite o uso da analogia, dos usos e costumes, dos princípios gerais do direito e da eqüidade.

Depois dessas noções introdutórias dos meios de preenchimento das lacunas, o trabalho ora redigido passará ao cerne de sua problemática: a eficácia e a lacuna da norma constitucional.

2.4. Abordagem histórica das lacunas jurídicas e da eficácia das normas constitucionais

As normas constitucionais onde a eficácia não se manifesta de plano, carecendo de regulamentação complementar ou ordinária, acarretam uma

---

41 COVIELLO, Nicola, *Manuale di diritto civile italiano: parte geral.* 1924, p. 87.

42 LOPES, Miguel Maria de Serpa. *Curso de Direito Civil.* Vol. I. 6. ed. Rio de Janeiro: Freitas Bastos, 1988, p. 155.

Direito Constitucional do Trabalho
ASPECTOS CONTROVERSOS DA AUTOMATIZAÇÃO

incerteza jurídica, visto que se deve, sempre, recordar que o diploma legal em tela é tido como uma sobrenorma, pois além de sobrepujar todas as demais ordenações positivas existentes, fornece os mecanismos para a confecção da legislação infraconstitucional.

É conhecimento basilar do direito de que mesmo as normas encartadas na Constituição Federal poderão ser desacompanhadas de eficácia imediata. Com efeito, as normas constitucionais poderão não ter aplicabilidade imediata ou terem uma limitação quanto ao seu espectro de destinatários. Apenas à guisa de citação, visto não se tratar do cerne do presente estudo, não se pode olvidar que as normas constitucionais podem ser de eficácia limitada ou reduzida, quer sejam normas programáticas, quer sejam normas de legislação, de eficácia contida, afora aquelas de eficácia plena, onde não se faz marcante qualquer insegurança jurídica.[43]

A questão em comento não possui ares de ineditismo. Ao contrário, consoante se verificará logo a seguir desde os idos da Revolução Francesa os estudiosos do direito têm-se debruçado sobre o assunto.

2.4.1. Revolução Francesa

Em razão da magnitude da matéria, a problemática da eficácia das normas constitucionais não surgiu em hodiernos dias. A *contrario sensu*, desde a Revolução Francesa, verifica-se a preocupação com esta questão, mormente pelo fato de se ter um conjunto de dogmas políticos e sociais que deveriam ser seguidos, tais como a soberania nacional, a separação dos poderes, a preponderância das normas constitucionais, a concepção do direito como sistema, dentre outros.

Avultam, para a compreensão do tema da incompletude do subsistema jurídico-normativo e a necessidade de se implementar força ou eficácia às normas constitucionais, três preceitos: a separação dos Poderes, a soberania e a concepção do direito como sistema.

2.4.2. Separação dos Poderes

No que concerne à separação de Poderes, vale ressaltar a importância de Charles Montesquieu[44] na sua implementação, pois foi o mencionado iluminista francês, em seu livro "O Espírito das Leis", quem difundiu o

---

[43] O constitucionalista José Afonso da Silva possui texto singular sobre o estudo da aplicação e eficácia do subsistema normativo constitucional. Trata-se da obra *Aplicabilidade das Normas Constitucionais*. 3. ed. São Paulo: Malheiros, 1998), para onde se remete o leitor interessado em aprofundamento da questão.

[44] MONTESQUIEU, Charles Louis de Secondat. *O espírito das leis*. Introdução, tradução e notas de Pedro Vieira Mota. 3. ed. São Paulo: Saraiva, 1994.

sistema de freios e contrapesos, adotado por grande gama dos países nos dias atuais.

Urge relembrar que o momento histórico antecedente ao da citada obra era o absolutismo francês, onde havia uma confusão entre o Soberano e o próprio Estado. Outrossim, o excesso de poder conferido ao monarca acarretava um afrontamento aos direitos individuais, mormente por falta de um sistema de frenagem das atitudes perpetradas por aquele.

Com a repartição efetiva dos Poderes entre Legislativo, Executivo e Judiciário, vislumbrou-se um equilíbrio na distribuição do poder de mando, somado ao fato de que os poderes se fiscalizavam mutuamente.

Ademais, com o advento da Declaração dos Direitos do Homem e do Cidadão, formou-se um inquebrantável liame entre a garantia dos direitos, a separação dos poderes e a Constituição, criando a idéia moderna de Estado de Direito, subordinação de todos, aí incluídos os governantes, aos ditames legais.

O ensinamento que melhor resume a experiência de se dividir o Poder é o de Tércio Ferraz Júnior ao doutrinar que "a separação dos poderes é um expediente técnico para limitar os poderes e garantir as liberdades políticas".[45]

2.4.3. Soberania

No que respeita ao mandamento da soberania, vale ressaltar a possibilidade de se enfocar a matéria sobre dois ângulos distintos, o interno e o externo.

Sob o prisma interno, soberania, igualmente nomenclaturada de *summa potestas*, poderia ser definida, segundo a clássica doutrina francesa, como a expressão máxima de poder a ser seguida pelos integrantes de um território.

Já externamente – que mais interessa para o presente ensaio – a soberania determina a similaridade entre as nações, inexistindo, por conseguinte, subordinação ou dependência. Seria como que um poder de mando incontrastável em certa sociedade política, um poder que não admitiria dependências e que seria supremo e exclusivo, indisponível, inalienável e indelegável.

A rígida conceituação acima, que retrata o pensamento clássico ou tradicional, tem sido relativizada em decorrência da globalização da economia e de uma maior interdependência dos países.

---

[45] FERRAZ JÚNIOR, Tércio Sampaio. *Função Social da Dogmática Jurídica*. São Paulo: Revista dos Tribunais, 1978, p. 48.

Confirmando o dito, permite-se fazer menção aos escólios de José Faria, para quem está ocorrendo uma redefinição do instituto em comento, aduzindo que:

Uma das facetas mais conhecidas desse processo de redefinição da soberania do Estado-nação é a fragilização de sua autoridade, o exaurimento do equilíbrio dos poderes e a perda de autonomia de seu aparato burocrático, o que é revelado pelo modo como se posiciona no confronto entre os distintos setores econômicos (sejam eles públicos ou privados) mais diretamente atingidos, em termos positivos ou negativos, pelo fenômeno da globalização.[46]

É inevitável se verificar que a globalização da economia trouxe consigo reflexos no relacionamento entre os países e a conseguinte flexibilização do outrora inflexível conceito de soberania nacional.

Permite-se remeter o leitor para a seção IV do capítulo III deste texto, pois os aspectos conceituais do novo sentido da soberania lá estão analisados de forma mais densa.

2.4.4. Sistema Jurídico

Com respeito ao terceiro preceito angular, qual seja, a concepção do direito como sistema, cumpre aduzir que o momento histórico em que se idealizou o direito de modo sistemático foi o século XIX, principalmente com os escólios de Savigny.

Entretanto, até o século XVIII, a Constituição era tida como imutável, pois não se admitia a adesão de dogmas novos ao ordenamento jurídico.

O escritor francês John Gilissen afirmava que o problema eficacial da norma constitucional estava intimamente ligado com "a concepção do direito como sistema, sendo imprescindível para o estudo profundo dessa problemática".[47]

Deve-se ter em mente que o direito, em si, não é um sistema, e sim, uma realidade, aplicando-se o sistema ao mundo jurídico com o fito de ordenar a realidade jurídica.

Todo sistema é a reunião de elementos (repertório) relacionados, por intermédio de determinadas regras, podendo ser aberto – quando aceita a inserção de outros elementos externos sem que haja quebras de sua estrutura – ou fechado, quando é auto-suficiente, não admitindo a intromissão de elementos extrínsecos.

---

[46] FARIA, José Eduardo. *O Direito na Economia Globalizada*. São Paulo: Malheiros Editores, 1999, p. 25.

[47] GILISSEN, John. *Le Probléme des Lacunes en Droit*. Bruxelles: Perelman-Émile Bruylant, 1968, p. 232.

O que se defendia há muitos anos é que o sistema jurídico é completo, sendo, pois, fechado. O presente escrito não envereda por estes caminhos, entendendo que o sistema jurídico é incompleto e prospectivo, tendo como fulcro doutrinário a idéia de subsistemas normativos, fáticos e valorativos.

Com efeito, o conhecido tripé propagado por Miguel Reale nos ensina que o direito não pode ser enclausurado, ficando sem receber os estímulos que emergem das vozes e dos anseios populares. No dizer de alguns, o direito deve seguir a voz rouca das ruas, não sendo, portanto, avesso ao uso de elementos alheios ao próprio sistema jurídico.

A eficácia da *Lex Mater* moderna está ligada à possibilidade de mutação das normas constitucionais, pois não se pode verificar um hiato entre a realidade social e a norma positiva. A Norma Ápice nacional pugna por esta tese quando faz menção às emendas constitucionais, pois caso não houvesse a possibilidade de alteração do texto normado não haveria previsão constitucional ligada ao tema.

A exceção existente diz respeito às cláusulas pétreas, previstas no art. 60, § 4º, incisos de I a IV, que, em virtude de sua importância, não são alvo de deliberação nem, tampouco, de alteração legal.

Ultrapassada essa abordagem nitidamente histórica, imprescindível se faz enumerar as peças fundamentais para a problemática eficacial da norma que detenha morada no corpo constitucional, a saber: a supremacia da norma constitucional como fonte jurídico-formal, o controle de constitucionalidade pelo Poder Judiciário e a concepção da ordem jurídica como sistema. Esse último tópico foi estudado anteriormente, fato que permite um aprofundamento dos outros dois requisitos essenciais para a efetiva eficácia nas normas constitucionais.

2.4.5. O dispositivo constitucional como fonte do Direito

A existência de uma plêiade de espécies de fontes, fez surgir, ao longo da história, a necessidade de se estabelecer escalões ou padrões das mesmas, evitando-se o confrontamento entre duas ou mais fontes que enfoquem certa matéria de maneira antagônica. Em síntese, tenta-se dar um equilíbrio ao sistema de fontes.

As fontes do direito são múltiplas, existindo, segundo a classificação proposta por Maria Helena Diniz, as formais estatais (legislação, jurisprudência e os tratados internacionais), as formais não-estatais (o costume, a doutrina, o poder negocial dos particulares e o poder normativo dos grupos sociais que podem estabelecer ordenanças próprias) e as chamadas fontes materiais, igualmente conhecidas como fontes reais, sendo aquelas que "consistem no conjunto de fatos sociais determinantes do conteúdo do direito e nos valores, que o direito procura realizar, fundamentalmente sintetizados no conceito amplo de justiça".[48]

A legislação nos países que têm origem no direito romano-germânico, como é o caso brasileiro, prevalece sobre as demais espécies de fontes, ao contrário do que ocorre em países com influência jurídica anglo-saxônica, onde se evidencia o direito consuetudinário. Não se defende que tais fontes são estanques, pois a legislação, via de regra, é instituída em razão da prática reiterada de certos atos (costume), afirma-se, sim, que existe um nítido diferencial de utilização das fontes do direito correlacionado com a influência histórico-jurídica que tocar determinado país.

Como aludido acima, no Brasil verifica-se uma sucumbência do costume em razão da norma. Este dogma está insculpido constitucionalmente no art. 5º, inciso II, da Carta Política Federal de 1988, que determina: "ninguém será obrigado a fazer ou deixar de fazer alguma coisa senão em virtude de lei". É o princípio da legalidade, que indica aos cidadãos brasileiros que o norte a ser seguido é eminentemente positivo. O legalismo brasileiro é marcante, todavia faz-se necessário uma gradação da força e competência de cada um dos diplomas legais, visto existir uma multiplicidade legiferante, pelo fato de o Brasil ser dotado de um Federalismo Tríade, pois o cidadão deve obedecer a três ordens constitucionais distintas, a Federal, a Estadual e a Municipal, sem, contudo, haver incongruências, uma vez que existe a observância à hierarquia normativa.

Destarte, a norma de natureza constitucional é prevalente, hierarquicamente, com relação aos demais dispositivos legais, pois se adota – internamente – a estrutura piramidal da norma jurídica, na qual o mandamento constitucional se localiza no cume ou ápice, devendo ser seguida pelos demais atos normativos (sentido lato).

A Lei Maior é a fonte formal por excelência, porque nela é que têm morada os moldes de elaboração legislativa de todas as demais emanações normativas. No caso da vigente Constituição, encontra-se tal disciplinamento na seção VIII, sob o título "Do Processo Legislativo", notadamente entre os artigos 59 a 69.

2.4.6. Controle de constitucionalidade

Objetivando permitir a supremacia da Carta Magna, instituiu-se um órgão judiciário de cúpula, o qual tem o dever precípuo de guardar a Constituição. Essa é uma das chamadas características mantenedoras dos Estados Federais.

---

[48] DINIZ, Maria Helena. *Compêndio de Introdução à Ciência do Direito*, São Paulo: Saraiva, 1995, p. 297.

Desta forma, deve-se teorizar que é imprescindível a existência de um órgão de controle de constitucionalidade, órgão este gerido com o intento de evitar choques de competências constitucionais.

No Brasil, essa atribuição recai sobre o Supremo Tribunal Federal, tido como o guardião da Carta Constitucional. Além da existência de um órgão judicante com a função precípua de resguardar os comandos constitucionais, não se pode perder de vista que na realidade pátria existe uma hierarquia constitucional, uma vez que a Carta Magna Federal não encontra obstáculos. A Carta do Estado, por seu turno, deve inteligência à Constituição Federal. A Lei Orgânica Municipal, por sua vez, haverá de respeitar tanto a Lei Maior Federal quanto a Estadual.

Em um Estado Federal, como o Brasil, dotado de uma multiplicidade de esferas de competência legislativa, necessário se apresenta um controle de abrangência e de correlação das normas dos diversos entes federados, com vistas a não haver choques legislativos.

A Carta Magna de 1988 teve especial cautela, ao disciplinar o tema, muito embora tenha mantido o tradicional sistema misto de controle de constitucionalidade, que tem como fundamento a existência do controle de constitucionalidade difuso, abrangendo universo mais aquilatado, pois legitima uma gama maior de Magistrados que podem decretar a inconstitucionalidade de uma lei ou de ato normativo para o caso concreto, e o concentrado, que é efetivado exclusivamente pelo Supremo Tribunal Federal, podendo ser vislumbrado por meio de Ações Diretas de Inconstitucionalidade, seja por ação ou por omissão, por meio de Ação Declaratória de Constitucionalidade, bem como via Argüição de Descumprimento de Preceito Fundamental, consoante permite a Lei 9.882, de 3 de dezembro de 1999.

Em suma, o controle difuso é o julgamento de constitucionalidade *in concreto*, porquanto os efeitos jurídicos das decisões são limitados às partes diretamente envolvidas na lide (*inter partes*). Enquanto isso, o controle concentrado é o julgamento *in abstrato* de constitucionalidade, eis que os efeitos do *decisum* serão aproveitados por todos que compartilhem da mesma situação fático-jurídica (*erga omnes*).

Caso não existisse efetivo controle da constitucionalidade das leis e dos atos normativos, o que pode ocorrer preventiva ou repressivamente, a norma constitucional poderia ter a sua eficácia cotidiana vulnerada.[49]

Em virtude de o estudo da compatibilidade vertical nas normas jurídicas não ser o núcleo essencial deste escrito, aliado ao fato de não se ter

---

[49] Uma vez que o presente estudo não versa sobre controle de constitucionalidade das leis, as ponderações introdutórias nele contidas deverão ser somadas a um estudo mais denso sobre o tema. Indica-se o livro "Elementos de Direito Constitucional", de autoria de Michel Temer.

a pretensão de – em poucas linhas – discorrer detalhadamente sobre o controle de constitucionalidade, permite-se sugerir ao leitor beber de fonte mais cristalina, notadamente com a leitura da obra coletiva organizada por André Tavares e Walter Rothenburg.[50]

2.5. Breves digressões sobre a Constituição e o Direito Constitucional

Para que se analise satisfatoriamente a eficácia da norma constitucional e a lacunosidade do sistema normativo na órbita da Lei Maior, torna-se imprescindível um mergulho nas convidativas águas da Constituição e do Direito Constitucional.

2.5.1. Constituição

A Constituição recebeu, ao longo da história da apreciação doutrinária, conceituações infindas. O presente texto, após esboçar modesta conceituação do dispositivo legal em epígrafe, permitir-se-á transcrever algumas das mesmas.

Entende-se a Constituição como sendo o complexo de normas jurídicas formal ou materialmente relevantes, fator que as coloca em superior patamar com relação aos demais diplomas legais existentes. Em função do dito, além de estabelecer os critérios para toda a produção legiferante estatal, é considerada uma sobrenorma. Versa sobre a organização estatal, seu funcionamento e o respeito às garantias individuais e coletivas, sendo o *habitat* natural dos direitos fundamentais.

Segundo J. Canotilho e Vital Moreira, a Carta Magna:

> É a lei fundamental e suprema de um Estado, que contém normas referentes à estruturação do Estado, à formação dos poderes públicos, forma de governo e aquisição do poder de governar, distribuição das competências, direitos, garantias e deveres dos cidadãos. Além disso, é a Constituição que individualizará os órgãos competentes para a edição de normas jurídicas, legislativas ou administrativas.[51]

Já para o autor José Afonso Silva:

> A Constituição do Estado, considerada sua lei fundamental, seria, então, a organização dos seus elementos essenciais: um sistema de normas jurídicas, escritas e cos-

---

[50] TAVARES, André Ramos; ROTHENBURG, Walter Claudius (Orgs.). *Argüição de descumprimento de preceito fundamental: análises à luz da Lei nº 9.882/99*. São Paulo: Atlas, 2001.

[51] CANOTILHO, J. J. Gomes; MOREIRA, Vital. *Fundamentos da Constituição*. Coimbra: Coimbra Editora, 1991, p. 41.

tumeiras, que regula a forma do seu Governo, o modo de aquisição e exercício do poder, o estabelecimento de seus órgãos e os limites de sua ação.[52]

Na visão politizada de Eduardo Carrion, o surgimento da Constituição, enquanto norma dirigente, reguladora e estruturante do Estado, foi de suma importância, eis que, desde o seu nascedouro, tem o objetivo de salvaguardar os cidadãos da longa mão do Poder Público. Diz o constitucionalista gaúcho que "a Constituição surge, portanto, como um estatuto da liberdade, de defesa do cidadão e da sociedade em relação às investidas do poder. Este, o seu profundo significado histórico".[53]

Da breve exposição conceitual acima, fica inconteste que os autores não apreciam a Norma Cume por um único prisma. Tal fato, ao longe de prejudicar o estudo do Direito Constitucional, o torna cada vez mais convidativo, posto que a multiplicidade de enfoques concede a este ramo do saber jurídico uma riqueza incomparável.

2.5.2. Direito Constitucional

A propósito do Direito Constitucional, pode-se conceituá-lo como sendo a disciplina jurídica, com morada na seara do Direito Público, que irradia os seus reflexos para os demais ramos do conhecimento jurídico, visto que se constitui, metaforicamente, em verdadeiro polvo, que lança seus tentáculos nos mais variados recantos do saber jurídico.

Tal disciplina debruça-se notoriamente no estudo dos contornos estatais, apreciando as atribuições e competências públicas, além de enfocar a incidência das normas constitucionais na vida dos particulares. O cerne do estudo ora proposto, de estudo eficacial das normas de cunho constitucional e da omissão legislativa estatal, guarda estreita ligação com a parte terminal do conceito supraelaborado.

Não obstante o conceito acima reflita o pensamento do texto, salutar é a exposição de pensamentos diversos, o que permitirá ao leitor uma visão geral do tema.

Para Afonso Arinos de Melo Franco,[54] seria o estudo metódico da Constituição do Estado, sua estrutura político-jurídica.

---

[52] SILVA, José Afonso da. *Curso de Direito Constitucional Positivo*. 17. ed. revista e atualizada nos termos da Reforma Constitucional (até a Emenda Constitucional nº 24, de 9.12.1999). São Paulo: Revista dos Tribunais, 2000, p. 39-40.

[53] CARRION. Eduardo Kroeff Machado. *Apontamentos de Direito Constitucional*. Porto Alegre: Livraria do Advogado, 1997, p. 16.

[54] FRANCO, Afonso Arinos de Melo. *Curso de Direito Constitucional Brasileiro*. Rio de Janeiro: Forense, 1958.

Direito Constitucional do Trabalho
ASPECTOS CONTROVERSOS DA AUTOMATIZAÇÃO

Paulino Jacques,[55] por sua vez, escreve que é o ramo do Direito Público que estuda os princípios e normas estruturadoras do Estado e garantidoras dos direitos e liberdades individuais.

Por fim, no entender de Marcello Caetano,[56] seria o conjunto de normas jurídicas que regula a estrutura do Estado, designa as suas funções e define as atribuições e os limites dos supremos órgãos do poder político.

Com relação a esse derradeiro ensinamento, quer aparentar que o autor confundiu o Direito Constitucional com a própria Carta Magna, o que não é raro de ocorrer.

Após o enfrentamento das conceituações da Constituição e da disciplina que a estuda, poder-se-á concluir que só aquela suscita dúvidas em referência à eficácia, vez que o Direito Constitucional não pode ser abordado sob tal prisma. Ele não é eficaz ou ineficaz. Ele estuda matérias que, estas sim, podem ou não, serem detentoras de força eficacial.

Entretanto, forçoso ressaltar que a Constituição, vez que não pode ser modificada em sua plenitude, pois existem, à guisa de exemplificação, as cláusulas pétreas – que não são alvo de deliberação reformadora – não sofre com o problema eficacial. A citada mazela recairá, então, sobre o dispositivo constitucional, de *per si* analisado. Pode-se então asseverar que só se pode falar em eficácia da norma constitucional, e não da própria Constituição.

2.5.3. Direito Constitucional e os demais ramos jurídicos

O Direito Constitucional, por ser uma disciplina enciclopédica, ou seja, por traçar aspectos gerais das mais diversas linhas do pensar jurídico, é assaz relevante. Tanto isso é fato que certos autores alegam ser o direito constitucional uma verdadeira hidra, utilizando sua pluralidade de membros para abarcar aspectos iniciais de outras disciplinas jurídicas. Nesse sentido é o ensinamento de Mario Gonzáles, ao sentenciar que:

> As Constituições clássicas continham somente princípios relativos ao governo e às garantias individuais: hoje em dia, as leis fundamentais assinalam as bases primárias de toda organização jurídica do Estado e daí suas múltiplas e importantes relações com outros ramos do Direito.[57]

Mesmo partindo-se da premissa de que o Direito Constitucional mantém uma ponte de comunicação com os demais ramos do saber jurídico, tem-se por inadequado, em um trabalho monográfico como o presente,

---

[55] JACQUES, Paulino. *Curso de Direito Constitucional*. 8. ed., Rio de Janeiro: Forense, 1977.

[56] CAETANO, Marcello. *Direito Constitucional*. 2. ed., Rio de Janeiro: Forense, 1987. 2 v.

[57] GONZÁLEZ, Mario Bernaschina. *Constituición Política y Leyes Complementarias*. 2. ed. Santiago: 1958, p. 31.

estudar a interligação de todas as disciplinas com a que se debruça sobre a análise da Lei Fundamental. Esta abordagem seria mais própria dos manuais de Direito Constitucional. Contudo, forçoso – no caso vertente – mencionar o paralelo existente entre o Direito Constitucional e o do Trabalho, porquanto matérias que circundam a automatização.

2.5.4. *Direito Constitucional e Trabalho*

A relação do Direito Constitucional com o Direito Laboral é muito estreita. Patente fica tal liame da leitura do Capítulo II da Carta Política Federal vigente, que estabelece os critérios gerais da relação de emprego.

Deve-se ter em mente, contudo, que tais garantias dos trabalhadores se constituem em verdadeiro elenco mínimo e exemplificativo, porquanto o direito do trabalho funda-se – dentre outros primados – no da norma mais benéfica ao empregado. Verdadeiro primado da proteção.

Desta forma, não se pode perder de vista que a Norma Ápice estabeleceu direitos mínimos em favor do empregado, fato que não tem o condão de impedir que norma específica ou negociação coletiva venham somar outros direitos que visem à melhoria das condições sociais do trabalhador.

Ademais, ainda retratando esta aproximação entre as duas cátedras epigrafadas, convém salientar que coube ao art. 114 da Lei Mãe o delineamento da competência material da Justiça do Trabalho.

Igualmente, vê-se que toda a estruturação da justiça especializada do trabalho está plasmada na Norma Cume, precisamente entre os artigos 111 a 117, o que chancela a tese da interdisciplinaridade.

A interligação das disciplinas em enfoque fica inconteste da mera leitura destas poucas linhas, onde se verifica o entrelaçamento entre a previsão constitucional de salvaguarda do mercado de trabalho humano e a preocupação dos doutrinadores de direito do trabalho com a matéria vergastada. Com efeito, verifica-se que a importância crescente do trabalho humano e sua valorização têm determinado a constitucionalização de garantias trabalhistas.

O grau de relevância do Direito Constitucional para o Direito Obreiro se mostra presente nas palavras de Orlando Gomes e Élson Gottschalk, ao falarem que:

> O exemplo da Constituição de Weimar (1919 – que estabeleceu, a nível constitucional uma plêiade de direitos dos trabalhadores) forçou, em todo o mundo, as resistências dos demoliberais, e quase todas as constituições subseqüentes vêm incluindo em seus textos os denominados 'direitos sociais', num capítulo especial.[58]

---

[58] GOMES, Orlando e Elson Gottschalk. *Curso de Direito do Trabalho*. 4. ed. Rio de Janeiro: Forense, 1995, p. 26-27.

Reforçando o pensamento do nexo de inter-relacionamento das matérias em apreço, faz-se mister transcrever o pensar de Everaldo Andrade, que assevera que "foi por intermédio da Constituição que foram introduzidos os princípios básicos da legislação social, que autorizaram o surgimento das primeiras normas de proteção ao trabalho".[59]

Em síntese, o Direito Constitucional é detentor de uma peculiaridade visível, o poder de que dispõe de ditar normas que devem ser observadas por todas as demais matérias de cunho jurídico. Ademais, está mais do que evidenciado que o Direito que se debruça na análise da Lei Fundamental é o nascedouro de todo o complexo de disciplinas reguladoras da vida social. Não seria diferente na órbita do estudo do Direito do Trabalho.

Superada a questão da estreita relação entre o Direito do Trabalho e o Direito Constitucional, permite-se retomar o tema dos aspectos formais e materiais dentro de um Texto Magno.[60]

2.5.5. Constituições Formais e Materiais

Existem diversas formas de classificação das Constituições. Dentre elas, no que concerne à problemática eficacial das normas constitucionais, avulta a que divide as Normas Ápices em formais e materiais. Esta divisão tem sua razão de ser em função do tema a ser inserido no corpo constitucional, se próprio ou impróprio para o disciplinamento supralegal.

Caso as matérias sejam eminentemente ligadas ao Estado, poder-se-ia asseverar que se trata de uma norma materialmente de cunho constitucional.

Por outro lado, existem determinados tópicos que, aprioristicamente, não detêm a silhueta constitucional, e que têm sido elevados a essa categoria em virtude de preenchimento das formalidades para a constitucionalização, como corolário das pressões sociais e políticas que envolvem a feitura de uma Carta Magna.

Nesse particular, esclarecedor é o posicionamento de Paulo Bonavides:

> A Constituição, em seu aspecto material, diz respeito ao conteúdo, mas tão-somente ao conteúdo das determinações mais importantes, únicas merecedoras, segundo o entendimento dominante, de serem designadas rigorosamente como matéria constitucional.[61]

---

[59] ANDRADE, Everaldo Gaspar Lopes de. *Curso de Direito do Trabalho*. 2. ed. São Paulo: Saraiva, 1992, p. 24.

[60] Vide seção 1.4 do capítulo 1 deste estudo.

[61] BONAVIDES, Paulo. *Curso de Direito Constitucional*. 10. ed. rev. atual. ampl. São Paulo: Malheiros, 2000, p. 64.

Então, conclui-se que as Constituições Materiais são particularizadas por possuírem um conjunto de regras essencialmente ligadas ao Estado sendo, por conseguinte, constitucionais quanto ao seu mérito, podendo ou não ser codificadas em documento único. Tem-se mostrado ao longo do avançar histórico que as determinações materialmente constitucionais são mais propensas a possuir força eficacial.

As Constituições formais, por outro lado, são caracterizadas pela falta de correlação entre suas normas e o objeto habitual deste diploma legal, qual seja: o Estado. Serão encontradas, nesta seara dos tópicos constitucionais formais, matérias que, *prima facie*, não são ligadas ao texto positivo constitucional e que são galgadas a tal posto por influências sociais, econômicas e/ou políticas, visto que se observaram os ditames procedimentais para a confecção de uma imposição constitucional.

Em suma, analisa-se se o *modus faciendi* de uma norma constitucional foi observada, deixando em segundo plano a matéria alvo do dispositivo. Destarte, pode-se dizer que na Constituição Formal a forma é que possui suma importância, devendo ser consubstanciada de maneira escrita, por intermédio de um documento solene estabelecido pelo poder constituinte originário.

Seguindo a linha de pensamento de J. Canotilho existem três requisitos básicos para a tipificação de uma Constituição Formal, a saber: poder constituinte democrático, a manifestação valorativa por parte do mesmo no sentido de inserir determinada matéria no texto da Norma Cume e a observância do procedimento adequado para a criação de uma lei fundamental.

Em função do dito, o constitucionalista português alega existirem, no texto da Carta Política, normas propriamente constitucionais, dispositivos e preceitos superconstitucionais e mandamentos até mesmo inconstitucionais.

Por fim, afirma-se que o intento de se colocar alguma matéria que não detém cunho constitucional no corpo da Carta Magna é cristalino: dificultar a modificação legislativa. Entretanto, quando se depara com um conflito entre o anseio social e um dispositivo marcado pela constitucionalização formal, existe um caminhar natural para a retirada dessa norma do ordenamento jurídico constitucional, pois não se verificará adequada eficácia.

2.5.6. *Supremacia e eficácia da norma constitucional*

O mandamento constitucional é supremo com relação aos demais, visto que o Brasil adota a estrutura piramidal dos diplomas jurídicos, como explicitado anteriormente. Em função do dito, além do fato de ser a chamada norma-origem, os comandos constitucionais se encontram em patamar hierárquico superior às demais emanações legislativas.

Como existe uma supremacia da norma constitucional, há de se verificar órgão jurisdicional que impossibilite a concomitante vigência de normas contraditórias ao texto da Carta Magna.

Na República Federativa do Brasil esse órgão de cúpula, responsável que é pela proteção e guarda dos ditames constitucionais, é o Supremo Tribunal Federal. A magnitude do aludido órgão judicante está visceralmente ligada à devolução da correção ou perfeição do sistema jurídico, visto que o mesmo pode e deve coibir as antinomias e colmatar as lacunas, quando se verificar uma inconstitucionalidade por omissão, através – neste derradeiro caso – de expedição de ofício para que o Congresso Nacional regulamente a matéria.

Não obstante exista a hierarquia legal, encontrando-se a Constituição em posição de frontispício, não se pode falar em imutabilidade constitucional, sob pena de inobservância de seus preceitos. Então, pode-se alegar que só se vislumbrará o agasalhamento social de certa norma constitucional quando se verificar que a mesma caminha ao encontro da realidade social.

É o que se pugna teoria tridimensional do Direito de Miguel Reale, na qual não se pode admitir um choque entre os subsistemas normativo e valorativo, uma vez que os axiomas da sociedade devem prevalecer quando da gênese de um dispositivo constitucional. Tal mister torna-se claro quando se relembra que os constituintes são eleitos pelo povo para representá-lo, pois existe grande dificuldade de exercício direto do poder popular, excetuando os casos de plebiscito, referendo e iniciativa popular.

A necessidade de se possibilitar a alteração do texto constitucional, com o fito de permitir uma implementação da eficácia, deriva do fato de que "a supremacia da Constituição envolve o problema de sua reforma, emenda ou revisão, pois os textos constitucionais devem harmonizar-se com a realidade social cambiante e com os valores nela positivados, sob pena de se mumificarem".[62]

Ante o exposto, pode-se extrair que existe clara correlação entre a supremacia da norma inserta na Lei Fundamental e sua própria eficácia, pois se ocorrer um descompasso entre o texto constitucional e a realidade social existirão grandes possibilidades de uma recusa social de aceitação do dispositivo, o que acarretaria um desrespeito à norma constitucional. E, para que o texto constitucional não seja afrontado pela sociedade, urge sua mutabilidade, objetivando, outrossim, um caminhar conjunto entre o avanço social e o positivo.

---

[62] FERREIRA, Pinto. *Princípios Gerais de Direito Constitucional Moderno*. São Paulo: Revista dos Tribunais, 1971, v. 1, p. 158.

2.6. A semiótica e as normas constitucionais

2.6.1. A conceituação da semiótica

O Direito, por ser expresso, no mais das vezes, por meio de dispositivos escritos, requer toda uma apreciação lingüística, pois se deve verificar uma conexão entre a literalidade da norma legal, os valores sociais, além da realidade fática por que passa a comunidade que se pretende regular.

Destarte, a semiótica nada mais é do que a ciência que estuda a utilização dos sinais, signos ou símbolos. No plano jurídico, tais sinais correspondem aos mandamentos legais escritos, em sua correlação com outras normas, fatos e pessoas, entendendo estas como expressões de seus axiomas.

Nesse particular, de grande valia é a abordagem semiótica, porque possibilita ao estudioso da sistemática jurídica saber se o discurso jurídico está ou não eivado de imprecisões, convicções pessoais do legislador ou ambigüidade. O linguajar jurídico há de ser compreensível pelos destinatários, pois não se pode esperar força eficacial em norma que não tenha sido corretamente assimilada pelo usuário da mesma.

Quem exprimiu, com propriedade, o relevo da semiologia foi a autora paulistana Maria Helena Diniz, ao dispor que a:

> Semiologia exerce um grande papel na elaboração do discurso científico, por analisar o âmbito ideológico das informações, possibilitando efetuar uma leitura das significações normativas relacionadas entre si, com a realidade e com o valor e, ainda, com seu elaborador e destinatário. A semiologia verifica, analiticamente, a função desempenhada pelos fatores extranormativos na produção das significações jurídicas e dos seus efeitos na sociedade.[63]

O Direito Constitucional igualmente necessita da apreciação da semiótica para se evitar a feitura de uma Norma Ápice, povoada de equívocos de linguagem, o que poderia levar ao ostracismo, no que remonta ao poder eficacial, de certo comando constitucional.

A fim de se evitar tal falha, leciona Luís Warat:

> O jurista deve submeter a rígido controle o sentido dos termos técnicos empregados pelo constituinte, construindo uma linguagem científica, que transforme o discurso constitucional em discurso rigoroso, visto que a linguagem do constituinte não é ordenada, devendo ser reduzida a um sistema.[64]

Verifica-se, na prática, que a falta de preparo semiótico dos congressistas tem-se espelhado em um acréscimo das disposições da Lei Funda-

---

[63] DINIZ, Maria Helena. op. cit., p. 16.
[64] WARAT, Luís Alberto. *O direito e sua linguagem.* (Curso de pós-graduação). Santa Catarina, 1983.

Direito Constitucional do Trabalho
ASPECTOS CONTROVERSOS DA AUTOMATIZAÇÃO

mental que não se encontram em condição de serem salvaguardados pela sociedade, o que tem gerado um preocupante crescimento das normas que se constituem em verdadeira letra morta da Constituição, o que desacredita todo o ordenamento jurídico de um país.

2.6.2. O Direito e a Norma

Não é raro confundir-se os dois conceitos em julgamento. Todavia, deve-se ter claro e em mente de que a norma é uma das facetas do Direito, o qual recebe influências históricas, sociológicas, econômicas, axiológicas, antropológicas, entre outras.

A visão que melhor difere a norma do direito é a que entende existir um tripé sustentador deste. Tal triplicidade é constituída além da norma, do fato e do valor.

É uma óptica tridimensional do direito, o que não se verifica comumente por aqueles que possuem uma visão horizontalizada do fenômeno jurídico. Como já mencionado anteriormente, a teoria tríade do direito tem no professor Miguel Reale um dos mais abalizados defensores e propagandistas.

Deve-se ter em mente que o sistema jurídico só existe em função da divisão do mesmo em subsistemas normativos, fáticos e valorativos. Afora isso se deve relembrar que, havendo conflito entre esses fracionamentos sistemáticos, haverá um desequilíbrio do sistema, acarretando, no mais das vezes, a ineficácia das normas jurídicas.

Convém finalizar o presente tópico, asseverando que o subsistema normativo não é e não deve ser completo, sendo notadamente aberto, com vistas a adequar o mundo normado aos novos dogmas apregoados pela sociedade.

Por conseguinte, não há que se falar em mumificação do direito, visto que este deve refletir o subsistema social, que é cambiante. A proteção em face da automatização é um exemplo claro do que se alega, posto que existe previsão constitucional sobre o tema, ainda pendente de regulamentação infraconstitucional. Tal fato é emblemático para se verificar que a idéia da completude das normas não se aplica entre nós, posto que se assim o fosse não seria possível preencher as lacunas jurídicas.

Logo, pode-se asseverar que:

> O direito deve ser visto em sua dinâmica como uma realidade que está em perpétuo movimento, acompanhando as relações humanas, modificando-se, adaptando-se às novas exigências da vida.[65]

---

[65] PICARD, Edmond. O Direito Puro. Lisboa: Calouste Gulbenkian, 1964, p. 27.

2.6.3. Classificação da semiótica

A semiótica, enquanto ciência que possui três atores primordiais, sendo esses o sinal, o objeto designado pelo sinal, e os usuários do sinal, pode ser analisada sob três dimensões, quais sejam: a sintática, a semântica e a pragmática.

Seguindo a doutrina de Charles Morris,[66] o qual afirmava que o sentido do sinal só seria entendível, na sua integralidade, quando somados o semi-sentido formal (sintática), existencial (semântica) e de prática (pragmática). Abaixo serão apreciados, de *per si*, cada um desses subgrupos semióticos. Frise-se que o citado autor tentou de maneira matemática expor o cerne de seu pensamento, elaborando a seguinte equação:

$$S = Sf + Se + Sp.$$

O primeiro aspecto se detém no estudo dos símbolos ou signos entre si mesmos, não se atendo a nenhum juízo de valor dos usuários e, tampouco, dos objetos denotados. Na seara do Direito, a sintática é identificada facilmente quando se apreciam normas (as normas serão consideradas como sinais pela semiótica), procedendo uma verdadeira acareação de duas ou mais disposições normadas, ou comparando-as, ou verificando a evolução histórico-normativa, ou, ainda, julgando a constitucionalidade de um dispositivo infraconstitucional, entre outros. Pode-se asseverar, sucintamente, que a sintática é a parte da semiótica que se responsabiliza pela apreciação meramente literal dos dispositivos em si considerados.

A semântica, por seu turno, proporciona ao estudioso das letras jurídicas o estabelecimento de uma correlação entre os sinais (normas) e os objetos alheios da linguagem, ou extralingüísticos. Ela dá a possibilidade de se construir uma ponte, ligando o texto consignado em um diploma legal e o objeto que se pretende regulamentar por meio daquele.

A pragmática, por fim, propicia que se estabeleça um liame entre o signo (norma) e o seu receptor ou destinatário (grupo de pessoas que serão atingidas pela regulamentação).

Através da pragmática, pode-se verificar a existência ou não de correção na recepção, por parte do cidadão, da norma jurídica, vez que o linguajar técnico do Direito pode inviabilizar a adequada compreensão do público alvo de certo dispositivo, o que acarretaria em uma norma inócua e, por via de conseqüência, desprovida de eficácia. Tal fato pode ocorrer com muita freqüência, porque determinada expressão pode ter acepções diametralmente opostas, se usadas no contexto legal ou coloquial.

---

[66] Charles Morris possui densa obra sobre a matéria. Trata-se do festejado *Foundations of the theory of signs*, publicado em Chicago, precisamente no ano de 1938.

Direito Constitucional do Trabalho
ASPECTOS CONTROVERSOS DA AUTOMATIZAÇÃO

Então, caso uma norma preconize algo, utilizando-se, para tanto, de vocábulos desconhecidos do usuário dela, pode-se ter, como efeito, o entendimento de imposição diferente, o que inviabilizaria a eficácia do dispositivo.

Nesse sentido é que se manifesta Tércio Ferraz Júnior, ao escolar que:

A pragmática não é uma espécie de procedimento analítico meramente adicional às análises semântica e sintática, nem uma teoria da ação locucionária (do ato de falar) que encara o falar como forma de ação social, mas uma lingüística do diálogo, por tomar por base a intersubjetividade comunicativa, tendo por centro diretor da análise o princípio da interação, ocupando-se do ato de falar enquanto uma relação entre emissor e receptor, na medida em que for mediada por signos lingüísticos.[67]

O autor paulista, ao refutar a concepção de sentido elaborada por Charles Morris, estabelece que, para a correção da força eficacial de uma norma, há que existir uma perfeita captação dos ditames pretendidos pela mesma, por parte do usuário. Caso se verifique uma falha no processo de comunicação, não se alcançará o objetivo do diploma legal.

2.6.4. A validade da norma jurídica

A validade de uma norma pode ser estudada sobre um universo de prismas. De sorte que se pode fazer menção a validades constitucional, formal, fática e ideal.

A validade constitucional de uma norma estará presente quando a mesma observar os preceitos insculpidos na Lei Fundamental. Ao contrário, em se verificando o choque entre um dispositivo infraconstitucional e a Norma Ápice, estar-se-á diante de uma antinomia, de mera aparência, visto que o próprio sistema jurídico, em respeito ao princípio da supremacia na norma constitucional, estudado anteriormente, impõe a retirada da norma hierarquicamente inferior. Destarte, não se poderá convalidar a norma eivada do insanável vício da inconstitucionalidade.

A validade formal diz respeito à observância dos critérios para a concepção de uma norma. Dois aspectos hão de ser destacados, a saber: a desnecessidade de validade formal da norma constitucional, visto que a mesma é originária; além do fato de que as imposições que devem servir de guia para a feitura de certo mandamento normativo estão com morada no texto da Lei Maior, nomeadamente no título que se reporta ao processo legislativo.

---

[67] FERRAZ JÚNIOR, Tércio Sampaio. *Teoria da Norma Jurídica*. 2. ed. Rio de Janeiro: Forense, 1986, p. 3-4.

Em resumo, para a comprovação da validade formal de determinada norma, imprescindível averiguar se a mesma, ao ser elaborada, pautou-se nos ditames formais para o seu nascimento.

A validade fática estará evidenciada quando, concomitantemente, existirem a hipótese de incidência (previsão) e a conseqüência jurídica (sanção). Exemplificativamente, não se pode asseverar que, no Brasil, exista validade fática no que concerne ao crime de adultério, pois mesmo se verificando a prática adulterina, não se presencia, pelo menos com usualidade, a punição do cônjuge infiel prevista no Código Penal para este tipo delituoso.

A validade ideal se fará presente quando se observar a carência ou divergência interpretativa. Nesses casos, será imprescindível a presença de posicionamentos doutrinários para que se possa sedimentar a validade da norma jurídica. Frise-se que não se recorrerá a toda e qualquer doutrina, lançando mão, para tais intentos, da linha doutrinária majoritária. Utiliza-se, pois, a doutrina como fonte do direito. Tal fato pode ser exemplificado pelo mandamento inserido no Código Civil da Suíça, que estabelece, como caminho conferido ao órgão judicante, seguir os posicionamentos dos autores, quando se verificar uma lacuna jurídica.

2.6.5. O problema da validade

Existem três correntes doutrinárias principais acerca da questão da validade das normas. São elas a teoria do racionalismo formal, a teoria realista do direito e a teoria da validade finalística e formal.

O primeiro ponto de vista foi defendido por Hans Kelsen[68] e por seus seguidores, tendo como cerne teórico o fato de que seria válida uma norma que observasse a hierarquização de competência, não fazendo nenhuma menção à aplicabilidade ou não no viver social. Percebe-se, nitidamente, uma preocupação puramente sintática da norma. A norma deveria ser elaborada, segundo os kelsenianos, imaginando-se o dever ser humano.

Contrariamente ao prisma abordado anteriormente, a segunda teoria – a realista do direito – defendida por Alf Ross,[69] elabora um paralelo entre a norma e sua aplicação, sendo válida aquela que tiver uma correlação com a realidade dos fatos. Caso um dispositivo não fosse seguido pelos seus usuários, estar-se-ia diante de um mandamento desprovido de validade real. Destarte, poder-se-ia concluir que a problemática da validade das normas é apreciada sob o ângulo semântico. A norma "vale se for efetivamente obedecida, porque é vivida como socialmente obrigatória pelo

---

[68] KELSEN, Hans. *Teoria Geral das Normas*. Porto Alegre: Fabris, 1986.
[69] ROSS, Alf. *Lógica de las normas*. Madri: Technos, 1970.

juiz e outras autoridades jurídicas, ao aplicar o direito".[70] A norma descumprida não possuiria nenhuma valia jurídica.

Mais recentemente surgiu o estudo de Tércio Ferraz Júnior, que percebeu não haver uma impossibilidade de convivência harmônica das duas correntes anteriores, criando, desta forma, a teoria da validade finalística e validade formal. A idéia capitaneada pelo autor paulistano segue a linha da semiótica conhecida por pragmática, anteriormente explicada.

O ponto nodal desta corrente teórica é o fato de que, mesmo existindo o descumprimento da norma, não há que se falar em desrespeito da autoridade que a confeccionou.

Então, pode-se asseverar que uma norma, mesmo sendo descumprida, tem validade sob o aspecto formal, visto que fora ela gerada no fórum competente para a sua elaboração, agindo, ademais, em obediência aos parâmetros para a edição dos comandos jurídicos (validade formal). Será igualmente dotada de validade quando se observar à adesão social aos conceitos preconizados na norma jurídica, além de não existir um hiato entre os dogmas do ordenamento jurídico e as imposições inseridas no texto normado.

Em suma, três seriam os requisitos precípuos para a validade de uma norma jurídica: a autoridade elaboradora do comando normativo deve ser tecnicamente competente, agir em estreito compasso com as normas de sua alçada, além de legislar dentro dos fins apregoados pelo ordenamento jurídico.

O presente estudo permitiu-se tecer maiores considerações alusivas à terceira corrente, por entender que ela seja a mais adequada e completa.

2.6.6. Vigência da norma jurídica

Avulta a grande aproximação existente entre a vigência e a validade das normas jurídicas. Em função do dito, não é raro observar alguns autores tratando com sinonímia os dois conceitos.

Todavia, é forçoso registrar que existem circunstâncias em que não se verificará uma coincidência entre vigência e validade. A título exemplificativo, deve-se frisar que uma norma válida pode ter sua vigência diferida no tempo, ou seja, não obstante a norma tenha valia, visto que observou os ditames preconizados por Ferraz Júnior, em sua teoria anteriormente estudada, ela pode ter sua vigência postergada. Tal hipótese ocorre nos casos de *vacatio legis*. Por exemplo, o Código Civil Brasileiro data de 1916, sendo válido desde então. Entretanto, havia um dispositivo inserido na própria Norma Substantiva Civil que determinava que sua vigência deveria ocorrer só a partir de 1º de janeiro de 1917.

---

[70] Maria Helena Diniz, op. cit., p. 24.

Igualmente não se pode entender com igualdade ou isonomia os conceitos de vigência, que é a possibilidade de uma norma ter eficácia jurídica e de vigor normativo, sendo esta a qualidade de que dispõe um comando legal no que concerne a sua força vinculante, ou melhor, seu poder de imposição. Este último pode-se verificar mesmo quando não houver vigência de certa norma, pois se deve observar o ato jurídico perfeito. Destarte, caso um contrato seja firmado sob determinada ordenança e lhe sobrevenha outra normatização, há que se verificar a continuidade dos efeitos do contrato, mesmo que não mais se coadune com os preceitos consagrados no *novel* dispositivo, tudo isso em respeito ao ato jurídico perfeito, garantindo, porquanto, aos cidadãos, um mínimo de certeza e segurança jurídicas no sistema.

Tendo como espelho tal ideário, o constituinte nacional de 1987/1988 estabeleceu não haver possibilidade de prejuízo, por parte da lei, do ato jurídico perfeito, direito adquirido e coisa julgada (art. 5º, inciso XXXVI).

2.6.7. A eficácia das normas

A eficácia de uma norma jurídica está vinculada de sua viabilidade fática e técnica de exitória atuação. Em outras palavras, é a possibilidade que uma norma tem de produzir os seus efeitos jurídicos pretendidos. Quando uma norma, por si só, não possui força de produção de seus efeitos, estar-se-á diante de um dispositivo carecedor de eficácia.

No campo da Carta Magna, não se pode olvidar dos dispositivos que necessitam de uma positivação regulamentadora infraconstitucional para a produção de conseqüências jurídicas. Estar-se-á, indubitavelmente, diante de uma norma constitucional desprovida de eficácia. Como exemplo, tem-se o mandamento inserto no inciso XXVII do art. 7º da Lei Mãe, a qual estabelece que o trabalhador tem direito à proteção em face da automação, na forma da lei. Todavia, como não surgiu até hodiernos dias esta lei, existe uma clara inefetividade sintática do texto constitucionalmente normado. É a chamada lacuna técnica, pois existe previsão acerca de certa circunstância social, porém, não existe norma tecnicamente eficiente para solucionar a contenda.

Aparentemente a norma constitucional em epígrafe não teria nenhuma relevância jurídica, o que não é correto, pois tal norma, mesmo sendo tecnicamente defeituosa, serve de norte a ser seguido pelo legislador infraconstitucional. Mesmo não possuindo eficácia própria, elas podem ser comparadas às normas constitucionais programáticas, que são aquelas que necessitam de elaboração normativa infraconstitucional para serem efetivamente aplicáveis.

Direito Constitucional do Trabalho
ASPECTOS CONTROVERSOS DA AUTOMATIZAÇÃO

Constatada a lacuna técnica, urge o seu preenchimento. Dois são os principais mecanismos supletivos da ausência da norma infraconstitucional para a colmatação das lacunas técnicas: a iniciativa popular e o mandado de injunção. O primeiro meio de tentar suprir a carência da elaboração normativa infraconstitucional em virtude da inoperância do Congresso Nacional é o que permite uma participação mais direta dos cidadãos, que através de uma coleta de assinaturas (1% do eleitorado brasileiro; distribuído em, no mínimo 5 Estados; e em cada um pelo menos 0,3% dos seus eleitores) remete ao Legislativo Federal um anteprojeto de Lei. Convém ressaltar que a vontade das ruas, exarada na listagem de assinaturas, não possui poder vinculante, pois os congressistas podem, ao cabo do processo legislativo, aprovar ou não o postulado do povo.

Já no que toca ao *novel* remédio constitucional – o mandado de injunção – deve-se ter em mente que a intenção do Constituinte Pátrio de 1987/1988 foi a de conferir ao julgador a possibilidade de atuar, no caso concreto em que se verificasse inexistência normativa, como legislador. Esta é a inteligência do art. 5º, inciso LXXI, da Carta Política Federal.

Seria, pois, o desempenho, por parte do Poder Judiciário, de atribuição que normalmente se atrela ao Poder Legislativo. Haveria a aplicação da atribuição imprópria ou atípica do Poder Judiciário no campo legiferante, sem que tal fato viesse desnaturar a igualdade e a harmonia entre os três poderes, nem – tampouco – suprimir as funções do legislativo. "Não se trata de pretensa usurpação da função legislativa pelo Poder Judiciário e, sim, de exercício de uma atribuição conferida constitucionalmente".[71]

Contudo, o Supremo Tribunal Federal entendeu que o mandado de injunção, não obstante seja uma norma válida e de eficácia imediata, tem similitude com a ação direta de inconstitucionalidade por omissão, fato que esvaziou o instituto em comento. Sim o pensamento majoritário da Corte Suprema ainda é no sentido de que não é dado ao Poder Judiciário colmatar a lacuna jurídica existente, sendo certo que havendo a constatação da mora do Poder Legislativo este deverá ser comunicado para purga-la, mas sem a imposição de prazo certo. É a chamada posição não concretista[72] dos efeitos jurídicos do Mandado de Injunção.

Registre-se, neste particular, que o pensamento do Excelso Pretório se nos aparenta equivocado, pois a única semelhança existente entre o

---

[71] MACHADO, Carlos Augusto Alcântara. *Mandado de Injunção*. São Paulo: Atlas, 2000, p. 122.

[72] Segundo esta linha jurisprudencial, atribui-se ao Mandado de Injunção apenas a possibilidade do reconhecimento formal da inércia do Poder Público em regulamentar uma matéria constitucionalmente prevista. Tão-somente se cientifica o poder competente da necessidade de edição da norma faltante. Não seria possível ao julgador preencher o vazio normativo. Equiparou-se, pois, o remédio constitucional telado a uma verdadeira Ação Direta de Inconstitucionalidade por omissão.

remédio constitucional em epígrafe e a ADIN por omissão é a origem da necessidade de seu manuseio, qual seja: carência normativa.

Entrementes, existem diversos outros fatores que tornam o mandado de injunção inconfundível com a ação direta de inconstitucionalidade por omissão.

Em primeiro lugar, existe a questão da legitimidade ativa para impetração dos instrumentos jurídicos em cotejo. Para que se possa interpor a ação direta de inconstitucionalidade por omissão é preciso estar inserido no seleto elenco do art. 103 da Constituição Federal de 1988. Já para que se possa apresentar um mandado de injunção não existe esta limitação, conquanto ele poderá ser ajuizado:

> por qualquer pessoa cujo exercício de um direito, liberdade ou prerrogativa constitucional esteja sendo inviabilizado em virtude da falta de norma reguladora da Constituição Federal.[73]

Em segundo lugar, existe a questão da competência para apreciação da matéria. Por se tratar de controle concentrado de constitucionalidade, na ADIN por omissão apenas o Supremo Tribunal Federal é detentor da competência para apreciação da matéria. No que toca ao mandado de injunção o STF (art. 102, inciso I, alínea *q*) irá dividir as atribuições de julgamento com o Superior Tribunal de Justiça (art. 105, inciso I, alínea *h*) e com o Tribunal Superior Eleitoral (art. 121, § 4º, inciso V).

Em terceiro lugar, existe a questão dos efeitos do *decisum*. Na ADIN por omissão os efeitos jurídicos são *erga omnes*, enquanto no mandado de injunção os efeitos da decisão judicial serão *inter partes*.

De todo o exposto, fica claro o equívoco decisório do STF e a necessidade de se difundir a possibilidade jurídica de aplicação do mandado de injunção, sempre quando a falta de norma regulamentadora torne inviável o exercício de direitos e liberdades constitucionais, assim como das prerrogativas inerentes à nacionalidade, à soberania e à cidadania, permitindo-se ao órgão decisório regulamentar o caso concreto.

2.7. Apreciação da semiótica

2.7.1. Sintática

Inicialmente, analisar-se-ão os aspectos da sintática (signo x signo). Nesse particular, sobressai o mister de verificar os efeitos temporais da incidência sobreposta de normas constitucionais.

---

[73] PIOVESAN, Flávia. *Proteção Judicial Contra Omissões Legislativas*. São Paulo: Revista dos Tribunais, 1995, p. 126.

Direito Constitucional do Trabalho
ASPECTOS CONTROVERSOS DA AUTOMATIZAÇÃO

Em respeito à supremacia da Constituição, quando se verifica a elaboração de uma nova Carta Magna, as disposições normativas antagônicas ao *novel* texto constitucional não são recepcionadas.

Alguns autores cometem a impropriedade de alegarem que tais normas saíram do ordenamento jurídico, pois eram inconstitucionais. Não se pode teorizar que as mesmas fossem inconstitucionais, mas sim que elas não mais se adaptaram aos princípios consignados na vigente Lei Mãe.

Há possibilidade de falar-se em inconstitucionalidade quando a norma que afronta o texto constitucional tiver sido elaborada após a vigência inicial desta.

Desta forma, se existisse uma norma, pretérita a Constituição Federal de 1988, que tratasse com dissemelhança homens e mulheres, ela não teria sido recepcionada pelo ordenamento jurídico-constitucional hodierno. Por sua vez, se a mesma disposição imperativa e discriminatória fosse editada após a promulgação do Texto Magno vigente ela seria corretamente taxada de inconstitucional, pois estaria ferindo de morte o texto consagrado constitucionalmente (art. 5º, inciso I).

Diametralmente oposta é a situação das antigas normas infraconstitucionais, que não colidem com a nova realidade positiva constitucional. Elas continuam a ter aplicabilidade jurídica cotidiana, independentemente de renovação. Isto se verifica em virtude do interesse de se dar continuidade às relações sociais, não se permitindo uma dissolução de continuidade. Essa incidência na atual Carta Política sobre a parcela do ordenamento anterior que seja compatível com ela, é chamada de eficácia construtiva.

Outro tópico de relevo, quanto à sintática e os seus efeitos temporais, é o da repristinação. Muito embora a repristinação (refazer o antigo, ou seja, é o retorno, por meio da atual Lei Fundamental, de um dispositivo que tinha sido retirado do ordenamento jurídico constitucional por parte da Constituição que ora perde a validade) ponha em risco, no entender do presente texto, dois dogmas jurídicos essenciais, quais sejam as certezas e as seguranças do sistema, a sua incidência é possível, desde que haja expressa previsão normativa nesse sentido.

Diverso elemento da sintática é o instituto da desconstitucionalização. Quando se deparam duas Normas Ápices subseqüentes, não é raro verificar que determinado dispositivo encontrado na primeira, não mais se vislumbra na posterior, mesmo não sendo contrário ao espírito no novo texto constitucional. Tal fato ocorre porque houve a retirada daquela norma do patamar de dispositivo de natureza constitucional. Ela continuará a vigorar, só que sob o manto de comando ordinário.

Em suma, desconstitucionalizar é o fenômeno jurídico de se retirar o caráter de mandamento constitucional de certa norma. É fato que a desconstitucionalização está ligada diretamente às normas formalmente constitucionais – aquelas que aprioristicamente não teriam o galardio constitucional, sendo elevados a este posto por preencher meras imposições formais – vez que as normas materialmente constitucionais não podem sofrer decesso de sua hierarquia normativa.

Por fim, convém ressaltar a questão da retroatividade ou da irretroatividade da norma constitucional vigente. Existe uma grande dualidade na doutrina nacional no que se reporta a esse assunto, pois alguns seguem literalmente o texto da Lei Maior ao afirmar que a lei não pode prejudicar o ato jurídico perfeito, o direito adquirido e a coisa julgada.

Esses estudiosos alegam que, como a norma constitucional é originária, não deve respeitar nada. É aquele velho adágio jurídico que afirma que não se podem alegar os três dogmas supracitados contra reforma constitucional.

Nesse particular, o atual estudo entende que corretos são os apontamentos de J. Canotilho ao afirmar que, em uma só Carta Magna, pode haver preceitos meramente constitucionais, supraconstitucionais, subconstitucionais e inconstitucionais.

Destarte, existem normas que não poderiam ser revogadas no todo (ab-rogação), outras que devem ser no todo preservadas e algumas que podem ser revogadas em parte (derrogação). Esse é o ponto de vista da segunda corrente, a qual se filia o atual trabalho, por entender que não se pode permitir a abrupta e total mudança de certos aspectos da Constituição. Caso isso fosse totalmente possível, os cidadãos ficariam à mercê dos jogos de interesse, dos *lobbys* e dos grupos de pressão, deixando-se em segundo patamar a vontade popular.

2.7.2. Semântica

Em uma segunda valoração, observam-se as normas constitucionais sob o prisma da semântica (signo x objetos denotados: realidade e valores sociais).

Nesse particular, observa-se a eficácia social de determinada norma inserida na Lei Maior, pois a semântica proporciona ao estudioso do Direito que seja traçado um perfil da realidade e dos anseios sociais para, a partir de então, verificar se existe uma afinidade entre estes dogmas e o texto positivado na Carta Magna.

Destarte, pode-se aduzir que uma norma será agraciada com a eficácia sociológica, semanticamente falando, quando a mesma estiver em harmonia com a realidade social e os valores positivos.

Entretanto, quando existe um hiato entre a normativa constitucional e as circunstâncias fáticas, emerge a chamada lacuna ontológica, visto que falta à norma executoriedade.

Exemplo inconteste da espécie lacunosa constitucional supracitada é o dispositivo que trata do salário mínimo nacionalmente unificado. Tal comando jurídico está consignado no inciso IV do art. 7º da Carta Política Federal.[74]

Conhecendo a realidade social e econômica brasileira, pode-se deduzir que a previsão constitucional do salário mínimo não condiz com o mundo real. Não seria repreensível a afirmação que o dispositivo tem ares utópicos, posto que os valores pagos a título de salário mínimo não se mostram suficientes para fazer frente a toda a gama de itens mencionados no dispositivo constitucional. Eis, pois, com o vislumbramento de um abismo entre o dito legal e a realidade social, a lacuna ontológica.

Sob a égide da semântica, ainda se verificará a existência de diferente espécie de lacuna: a axiológica. Esta se fará presente quando houver um descompasso entre a norma constitucional e os valores da coletividade.

A título de exemplificação, pode-se trazer a lume a previsão constitucional, condicionada a regulamentação por meio de lei específica, do movimento paredista no serviço público que, muito embora esteja consignada no texto na *novel* Carta Constitucional (art. 37, VII), não recebe o respaldo da grande maioria da população, vez que os usuários pretendem que os serviços públicos sejam prestados de forma contínua.

Então, segundo o juízo valorativo da parcela majoritária da coletividade nacional, não se pode permitir greve no serviço público, em função do prejuízo causado a substancial parte das camadas populares.

Em ambos os casos de lacuna – ontológica e axiológica – há de se constatar que o constituinte de 1987/1988 não se desvencilhou do caráter esquemático da norma constitucional (a qual fixa tipos, não sendo suficientemente adequada para abraçar a realidade social), nem deu vazão a sua capacidade de previsão (não antevendo – o que é perfeitamente compreensível – a totalidade das ações humanas juridicamente relevantes, ou seja, que necessitam de normatização) e, por fim, igualmente, foge da atribuição do elaborador da Norma Cume saber acerca do poder de observância ou não por parte do destinatário da norma constitucional, tarefa mais afeita aos juristas que se enveredarem pela Teoria Geral do Direito.

---

[74] Art. 7º – São direitos dos trabalhadores urbanos e rurais, além de outros que visem à melhoria de sua condição social: IV – salário mínimo, fixado em lei, nacionalmente unificado, capaz de atender a suas necessidades vitais básicas e às de sua família com moradia, alimentação, educação, saúde, lazer, vestuário, higiene, transporte e previdência social, com reajustes periódicos que lhe preservem o poder aquisitivo, sendo vedada sua vinculação para qualquer fim.

2.7.3. Pragmática

A pragmática faz nascer à possibilidade de se apreciar o problema da eficácia da norma na sua ligação com os seus destinatários. Caso inexista uma adesão do usuário a certo comando normativo, estará evidente a falta de aplicabilidade social desse texto normado. Tal fato ocorre, pois avulta a conexão entre a análise sintática, semântica e pragmática.

Destarte, havendo falhas nos dois primeiros, não haverá sucesso com relação à efetividade da norma jurídica perante o destinatário da mesma.

A partir dessa ineficácia, surgem duas conseqüências plausíveis: o desuso, que se verificará quando a norma for sintaticamente eficaz, possuindo ineficácia semântica, ou o costume negativo – esse quadro já se apresenta mais grave, pois haverá simultaneamente inefetividade sintática e semântica da norma.

Nesse particular, preocupa especialmente o chamado costume *contra legem*, tido como sendo um agir social diverso do que é defeso em lei. Exemplificativamente, pode-se fazer menção, para clarear o entendimento, mesmo que não seja norma de órbita constitucional, à Lei Uniforme de Cheques que determina que o mesmo teria natureza de uma ordem de pagamento à vista. No Brasil, instituiu-se o costume contrário ao dispositivo legal, visto que usualmente o cheque é pós-datado sendo, desta forma, uma fática ordem de pagamento a prazo.

Em síntese, ao se analisar as normas jurídicas pelo ângulo de semiótica, nas suas diversas acepções, marcante se torna o óbice da ineficácia constitucional e sua importância e aplicabilidade no cotidiano.

2.8. O enquadramento da norma que versa sobre a proteção em face da automatização no campo das lacunas constitucionais

Sempre preocupado com o fio condutor que deve acompanhar os trabalhos de cunho monográfico, é premente fazer o estudo do art. 7º, inciso XXVII, da Constituição Federal de 1988, mormente no que tange ao prisma da semiótica.

O dispositivo legal em apreço tem recebido severas críticas dos autores nacionais,[75] vez que segundo os mesmos teria pecado quanto ao aspecto terminológico. Afirmam os estudiosos da matéria que a expressão

---

[75] Dentre os críticos mais ferrenhos da expressão "automação", destaca-se Elias Norberto da Silva, que em seu *A Automação e os Trabalhadores*, realiza estudo gramatical das expressões envolvidas, concluindo que o termo mais acertado para designar a substituição da força de trabalho humano pela mecânica seria "automatização".

Direito Constitucional do Trabalho
ASPECTOS CONTROVERSOS DA AUTOMATIZAÇÃO

utilizada constitucionalmente, "automação", seria uma inadequada cópia do termo anglo-saxão *automation*.

Neste particular, o presente estudo entende que a expressão mais apropriada seria "automatização". Contudo, em virtude de um maior apego ao Texto Magno, em certas oportunidades a obra se permite mencionar a expressão constitucionalmente selecionada.

Outra crítica que é comumente feita ao preceito constitucional é o fato de o mesmo não ser auto-aplicável, pois carece de lei ordinária para a sua regulamentação. Este tópico, em específico, tem correlação direta com a matéria da eficácia das normas constitucionais e a semiótica jurídica, razão pela qual se permitirá uma abordagem mais aprofundada sobre o assunto.

Sim, tendo como marco inicial o fato de que a norma protetiva do mercado de trabalho humano (art. 7°, inciso XXVII, da Constituição da República Federativa do Brasil) não é dotada de força eficacial, carecendo de um regramento infraconstitucional para ser implementada, chega-se – ao final da abordagem semiótica – à conclusão de que se está diante de uma lacuna constitucional técnica. Esta norma encerra uma lacuna técnica, porquanto exige a confecção de outro comando normativo para que se possa complementar a eficácia da primeira.

Assim sendo, é acertado afirmar-se que a norma em dissecação trata-se de uma norma constitucional trabalhista de eficácia relativa complementável, sendo estas entendidas como as que possuem aplicação mediata, condicionada à superveniência de preceito regulamentador.

Maria Helena Diniz entende que mesmo desacompanhadas de aplicação imediata, tais normas são importantes, pois têm o condão de inibir – ante a hierarquização das normas jurídicas – qualquer agir da sociedade ou do legislador em sentido antagônico ao seu preceito. Afirma a autora que "sua possibilidade de produzir efeitos é mediata, pois, enquanto não for promulgada aquela lei complementar ou ordinária, não produzirão efeitos positivos, mas terão eficácia paralisante de efeitos de normas precedentes incompatíveis e impeditiva de qualquer conduta contrária ao que estabelecem".[76]

As normas de eficácia relativa complementável, por seu turno, podem ser subdivididas em normas de natureza institucional ou organizativo, assim como de silhueta programática. A classificação, ora seguida, é difundida – dentre outros doutrinadores pátrios – por Manuel Silva Neto, para quem:

---

[76] DINIZ, Maria Helena. *Norma Constitucional e Seus Efeitos*. 2. ed. São Paulo: Saraiva, 1992, p. 102.

As normas com eficácia complementável podem ser de princípio institutivo ou organizativo, quando dão corpo a instituições ou órgãos, ou de princípio programático, quando apontam para as metas a serem alcançadas pela unidade política.[77]

In casu, não se verifica a proposta de criação de nenhum órgão para a política de fomento ao emprego, associado ao fato de existir um programa firmado pelo constituinte nacional no sentido de salvaguardar os postos de serviço. Logo, fica patente que o art. 7°, inciso XXVII, tem cunho de comando normativo programático.

Logo, de tudo o que foi explanado, deve-se reafirmar, sinteticamente, que a norma constitucional que protege os postos de serviço da automatização, constitui-se em uma lacuna constitucional técnica, além de ser tida por norma trabalhista de eficácia relativa complementável, e de conotação programática.

2.9. Conclusões do capítulo

Ao cabo de todas as ponderações doutrinárias firmadas acima, forçoso reconhecer as seguintes conclusões:

1) O sistema jurídico é felizmente incompleto, pois o preço pago pela presunção de se ter um sistema jurídico dotado de completude é deveras dispendioso para a sociedade e para o ordenamento jurídico, pois condena as relações humanas a inquebrantáveis algemas, servindo tais amarras para a estagnação do evoluir social, além de obstacular o renovar necessário das letras jurídicas, impossibilitando-se que se elabore um repensar do Direito. Com efeito, existem lacunas jurídicas e a intranqüilidade momentânea causada pela inexistência de um dispositivo legal não há que ser comparada com a hipótese de se eternizar, em um claustro intransponível, o saber da Ciência do Direito;

2) Para uma adequada apreciação do ordenamento jurídico em sua magnitude, forçoso será a análise dos subsistemas fáticos, valorativos e normativos, pois o Direito é baseado no tripé do Fato, Valor e Norma, de sorte que esta última não pode estar desvinculada dos dois primeiros, sob pena de ocorrer uma quebra do sistema jurídico;

3) Existem três espécies de lacunas no campo constitucional, a saber: a normativa (chamada lacuna técnica), caracterizada pela inefetividade sintática e as lacunas axiológicas e ontológicas carecedoras, que são de efetividade semântica;

---

[77] SILVA NETO, Manuel Jorge e. *Curso de Direito Constitucional do Trabalho*. São Paulo: Malheiros, 1998, p. 210.

4) As normas, para se manterem no ordenamento jurídico, devem possuir um mínimo de eficácia, caso contrário (a insistência de se manter no sistema jurídico norma ineficaz) a tendência natural é a falta de respaldo dos posicionamentos normativos estabelecidos pela instituição legiferante;

5) O preceito constitucional de proteção dos postos de serviço dos trabalhadores urbanos e rurais pode ser tipificado como uma lacuna constitucional técnica, vez que inexiste efetividade sintática. Por conseguinte, e ainda existindo omissão do Legislativo, na sua atribuição de regulamentar a matéria, forçoso reconhecer que se trata de uma norma constitucional trabalhista de eficácia relativa complementável, de ordem programática, vez que desacompanhada de cunho sancionador.

Firmado o embasamento teórico da proteção em face da automatização como sendo um direito fundamental, e feita a incursão sobre o estudo da semiótica e das lacunas jurídicas, que no caso em questão aprimoram sua importância quando se tem em mente que existe lacuna constitucional técnica no que concerne a proteção aos trabalhadores da urbe e do campo, premente a menção ao contexto econômico em que está inserido o tema.

Com efeito, faz-se mister uma mergulho nas inquietas e pouco navegadas águas do Oceano da Globalização e nas ondas no mercado de trabalho humano.

3. Aspectos da globalização que tangenciam a automatização

3.1. Introdução ao tema: a nova febre expansionista mundial

A globalização habita, nos dias atuais, lugar de destaque nas searas econômicas, sociológicas, políticas e jurídicas. Esse fenômeno, sob o prisma da Ciência do Direito, ponto precípuo do presente estudo, surge como um subproduto da internacionalização da economia, sendo, pois, decorrência desta.

É fato que juridicamente se vivencia uma série de grandes mudanças, nomeadamente no que tange à soberania nacional, cujo conceito tem sido flexibilizado com o surgimento dos blocos econômicos e de uma maior interdependência entre os membros integrantes das mais variadas formas de integrações regionais; no Direito Comercial, que regula um universo cada vez maior de tratativas internacionais, vez que os Estados-Nações objetivam expandir os seus mercados de vendagem; e nos Direitos Sociais, especialmente no âmbito do Direito Laboral, pois a competitividade maior entre as empresas faz surgir no empresariado a necessidade de redução de custos. Para alcançar tal intento, eles têm se utilizado de um maquinário cada vez mais avançado, o que tem acarretado um acréscimo da produtividade, não obstante gere, de igual modo, desemprego em grandes proporções.

Entretanto, no que respeita ao aspecto econômico, não se pode aduzir que o tema em epígrafe seja dotado de ineditismo.

Ao contrário, pode-se asseverar que a globalização, marcada que é pela repulsa à xenofobia comercial internacional, pugnando pela redução das barreiras e dos entraves alfandegários, e permitindo a mundialização dos mercados de bens, serviços e créditos, não é – como quer a maioria dos autores – fato econômico vivenciado primeiramente no fim do século XX.

Direito Constitucional do Trabalho
ASPECTOS CONTROVERSOS DA AUTOMATIZAÇÃO

Sabe-se que os caracteres primordiais da globalização estavam igualmente presentes na fase do crescimento mercantil, vivida nos idos tempos das cruzadas européias do fim do século XI e início do século XII, quando do renascimento do comércio via Mar Mediterrâneo, fazendo surgir a moeda, e enterrando o feudalismo em prol do capitalismo.

A referida etapa histórica da humanidade pode ser retratada pelos seguintes dizeres:

> A prosperidade comercial encontrou sua razão de ser no retorno a uma economia monetária, na disponibilidade de excedentes de produção, na melhoria dos transportes marítimos e na intensificação da vida urbana.[78]

Destarte, a necessidade de se escoar a produção além das fronteiras geográficas dos países, afora o interesse da dominação comercial externa, são situações por demais remotas no tempo, não sendo acertada a alegação de que a globalização é a característica marcante e inovadora do fim do segundo milênio.

Ainda confirmando que a globalização não possui – em termos econômicos – ares de ineditismo, convém transcrever passagem do Manifesto do Partido Comunista, publicado no remoto ano de 1848, onde Karl Marx e Friedrich Engels já retratavam que o núcleo central do que hoje se conhece por "globalização" estava presente desde os primórdios do sistema capitalista, senão vejamos:

> Impelida pela necessidade de mercados sempre novos, a burguesia invade todo o globo. Necessita estabelecer-se em toda parte, explorar toda parte, criar vínculos em toda parte. Pela exploração do mercado mundial, a burguesia imprime um caráter cosmopolita à produção e ao consumo de todos os países... Em lugar do antigo isolamento de regiões e nações que se bastavam a si próprias, desenvolvem-se um intercâmbio universal, uma universal interdependência das nações.[79]

Em suma, no que toca à economia, não há nada de novo no *front*, pois a internacionalização econômica se apresenta hodiernamente como uma velha senhora de roupa nova, uma nova feição de fenômeno econômico já vivenciado pela humanidade. Existem, pois, apenas algumas adequações aos dias atuais, como é o caso da maior volatilidade do capital, que é permitida pelo incremento dos sistemas de dados, mas sem que tal fato tenha o condão de retirar a similitude dos caracteres presentes na globalização e os que são perceptíveis em outras etapas históricas do expansionismo comercial.

---

[78] AQUINO, Rubim Santos Leão de. et ali. *História das Sociedades: Das Sociedades Modernas às Sociedades Atuais*. 26. ed. rev. e atual.Rio de Janeiro: Ao Livro Técnico, 1993, p. 25.

[79] MARX, Karl; ENGELS, Friedrich. *Manifesto do Partido Comunista*. Disponível em: http://www.rionet.com.Br/~cabanas/Marx/manifesto.htm. Acesso em: 19 de julho de 2001.

Nesta linha de tirocínio, poder-se-ia traçar um paralelo entre o intuito expansionista ibérico do século XVI e a necessidade crescente atual de se quebrar o claustro econômico de determinados Estados-Nações, sob o fundamento da globalização. Assim sendo, forçoso concluir que a globalização de agora é uma nova faceta ou uma evolução natural das pretéritas investidas de dominação econômica dos países mais avançados em razão dos subdesenvolvidos.

O atual estudo, muito embora corra o risco de não ser acatado pela doutrina econômica, visto que não engrossa as fileiras defendidas pela maioria dos estudiosos da economia mundial, como o festejado Ianni, que chega a teorizar que a globalização econômica, encerra uma "ruptura drástica nos modos de ser, sentir, agir, pensar e fabular. Um evento heurístico de amplas proporções, abalando não só as convicções, mas também as visões do mundo",[80] apresenta aos leitores, neste intróito, uma visão histórico-econômica da problemática.

Forçoso constatar, contudo, que existem especificidades no processo econômico de globalização. Entrementes, tais particularidades decorrem de uma grande gama de fatores, não necessariamente econômicos. À guisa de exemplificação, tem-se o incremento dos meios de comunicação, pois os mecanismos de massa criam um nicho mundial de mercado, além de propiciar a circulação célere de informações sobre os mercados financeiros das diversas nações, o que pode ter reflexos na economia nacional. Outro fator não-econômico que tem marcante influência na globalização da economia é a tecnologia de ponta, que tem propiciado uma diminuição dos custos de produção e incentivado a exportação de mercadorias.

Ante todo o exposto, tem-se que a globalização – sob o prisma da ciência da economia – é uma nova versão de situações outras de conquistas de novos mercados consumidores. Todavia, o processo de mundialização da economia possui peculiaridades decorrentes de fatores não-econômicos, mas que podem influir na senda econômica.

3.2. Conceitos de globalização

A globalização tem sido alvo de multifacetados enfoques conceituais. Esta riqueza de conceitos decorre do fato de que ela tem habitado lugar de destaque em diversas searas do saber, dentre os quais, a economia, a sociologia, a política, a geografia e o direito.

---

[80] IANNI, Octavio. *A Sociedade Global*. Rio de Janeiro: Civilização Brasileira, 1992, p. 42.

Assim sendo, permite-se trazer à baila diversas concepções da globalização, desde já registrando que não é intuito crucial deste escrito o rigorismo terminológico, até porque a globalização se nos aparenta como um processo, este entendido como uma série concatenada de atos tendente a chegar a um fim específico. E em sendo um processo ainda inacabado, qualquer conceito que tenha a presunção de ser final, será representação de enfoque parcial da matéria.

Nesta linha de pensar, quer-se crer precipitado o estabelecimento de um conceito hermeticamente fechado do tema em epígrafe, pois haveria um risco de se apreciar o assunto telado de forma superficial, fragmentada e reducionista.

Corroborando com a idéia defendida acima, acerca de variações conceituais da globalização, permite-se transcrever o pensamento de Maria Margareth Garcia Vieira, *litteris*:

> O conceito de globalização, em que pesem a popularidade e o amplo uso deste termo, oferece múltiplas e variadas definições. Compreende em seus elementos básicos os processos de crescente interação e interdependência que se geraram entre as distintas unidades constitutivas deste sistema global.[81]

Existem autores, como é o caso de Arion Romita, que entendem ser inviável a conceituação do que vem a ser a globalização da economia. O mencionado jurista teoriza que mais apropriado que se tentar elaborar um conceito descritivo do processo de globalização seria se estabelecer um elenco de traços característicos do mencionado fenômeno.[82]

Confirmando esta pluralidade de enfoques possíveis ao processo de globalização da economia, permite-se trazer à baila o pensar de Liszt Vieira, para quem:

> A globalização é normalmente associada a processos econômicos, como a circulação de capitais, a ampliação dos mercados ou a integração produtiva em escala mundial. Mas descreve também fenômenos da esfera social, como a criação e expansão de instituições supranacionais, a universalização de padrões culturais e o equacionamento de questões concernentes à totalidade do planeta (meio ambiente, desarmamento nuclear, crescimento populacional, direitos humanos, etc.). Assim, o termo tem

---

[81] VIEIRA, Maria Margareth Garcia. *A Globalização e as Relações de Trabalho*. Curitiba: Juruá, 2000, p. 24.

[82] Para Arion Sayão Romita (*in Globalização da Economia e Direito do Trabalho*. LTr, 1997, p. 29/30) os elementos caracterizadores da globalização seriam: a) relações contratuais flexibilizadas entre capitalistas e trabalhadores; b) o maior deslocamento de capitais e de gerentes de um país para o outro; c) a noção de fronteira geográfica se torna obsoleta; d) o Estado se internacionaliza, por meio de processos de integração regional; e) as atividades produtivas se tornam fragmentadas e f) necessidade de ajustes estruturais no Estado e premência do processo de privatizações, tudo buscando a diminuição do Estado, o verdadeiro Estado mínimo.

designado a crescente transnacionalização das relações econômicas, sociais, políticas e culturais que ocorrem no mundo, sobretudo nos últimos 20 anos.[83]

Dando uma visão desmitificada do fenômeno da globalização, Oscar Vilhena Vieira teoriza que:

> A globalização econômica não decorre de uma ação deliberada de estadistas, com objetivos éticos, como no caso dos direitos humanos, ou político-econômicos, aqui no sentido de fortalecimento coletivo das economias de uma determinada região, como no caso da União Européia, mas de uma retórica voltada a justificar a expansão e os interesses do capital dos países de economia central, especialmente os Estados Unidos. Essa expansão tem sido legitimada ideologicamente pelo neoliberalismo.[84]

Já para Pierre Size, o verbete telado:

> Surge pelo fato de que este processo tomou uma amplitude particular desde os anos 80, em que a desregulamentação generalizada acelera as condições de concorrência no plano mundial e o desenvolvimento dos meios de transporte e telecomunicações supriram um a um os obstáculos à deslocalização de centros de produção.[85]

O que pode fortalecer esta abordagem perpetrada pelo escritor francês, mormente no que concerne ao afastamento estatal do plano legiferante e o subseqüente incremento das relações comerciais multinacionais, é o fato de que se atribui ao Consenso de Washington o estabelecimento de diretrizes da globalização.

Dentre os rumos ditados pelo mencionado colegiado, que teve origem em um seminário realizado em 1990 e que congregou os países que integram o Grupo dos Sete (G7), os responsáveis por 20 (vinte) dos maiores bancos internacionais, além do Departamento de Estado dos Estados Unidos da América, está a queda de regras protecionistas nacionais em prol do crescimento do comércio exterior.

Para que houvesse esta abertura comercial, foi imprescindível um afastamento dos Estados-Nações da sua função de regramento do mercado, nomeadamente não mais editando comandos normativos que objetivassem a proteção dos mercados internos, permitindo-se que houvesse um maior intercâmbio mercantil.[86]

---

[83] VIEIRA, Liszt. *Cidadania e Globalização*. 4. ed. Rio de Janeiro: Record, 2000, p. 72-73.

[84] VIEIRA, Oscar Vilhena. *Realinhamento Constitucional*. In: *Direito Global*. Carlos Ari Sundfeld e Oscar Vilhena Vieira (Orgs.), São Paulo: Max Limonad, p. 15-48, 1999, p. 16-17.

[85] SIZE, Pierre. *Dicionário da Globalização: A Economia de "A" a "Z"*. Florianópolis: Obra Jurídica: Instituto Brasileiro de Estudos de Relações de Trabalho, 1997, p. 56.

[86] No ensaio intitulado *Direitos Humanos e Globalização* (p. 195-208), selecionado para a obra coletiva *Direito Global*, da Max Limonad, São Paulo, 1999, a Professora Flávia Piovesan afirma que "o Consenso de Washington passou a ser sinônimo das medidas econômicas neoliberais voltadas para a reforma e a estabilização de economias emergentes – notadamente latino-americanas. Tem como plataforma o neoliberalismo (mediante a redução de despesas públicas), a flexibilização das relações de trabalho, a disciplina fiscal para eliminar o déficit público, a reforma tributária e a abertura do

Esta linha de raciocínio é confirmada com os ensinamentos do catedrático catarinense Reinaldo Silva, posto que:

Com o ingresso do Estado-nação no processo de globalização do mercado, sem outra preocupação a não ser a promoção do capital transnacional, não se duvida de que os poderes estatais sofrem um gradativo fenecimento, perdendo, a política – pelo menos no plano interno –, o caráter de instância de deliberação macroeconômica, de condução de interesses sociais e de administração das transformações entre capital e trabalho.[87]

Da acurada análise dos conceitos dispostos acima, fica reforçada a idéia de que a globalização da economia ainda não pode ser alvo de enfoque conceitual único, posto tratar-se de processo em plena efervescência e com múltiplas variáveis.

3.3. Globalização na seara da ciência política

Não obstante se tenha aduzido inexistirem drásticas mudanças no âmbito da economia, as modificações na esfera da ciência política são muito sentidas, nomeadamente no que respeita à necessidade de uma nova conceituação de soberania, visto que o Estado-Nação marcha para sua supressão e, em contrapartida, avoluma-se a tendência de emergirem os Estados de Blocos Econômicos.

Em função do dito, não se pode mais aceitar a clássica conceituação de soberania. Tal instituto – próprio das nações, porquanto os entes federados fracionários não a possuem – recebeu ao longo da evolução da Ciência Dogmática do Direito, assim como da Política, cristalina distinção, podendo ser abordado sob dois prismas, o interno e o externo, conforme já explanado anteriormente.

A tradicional teoria da soberania externa encontra-se em estágio terminal, pois não se pode ter a ilusão de que um país economicamente dependente não seja sucumbente no plano político. Surgiu, em virtude dessa linha econômica de se pensar a soberania, a tese da subsoberania, que subordina a real liberdade política de um Estado a sua independente mantença financeira.

---

mercado ao comércio exterior. Esse consenso estimula a transnacionalização dos mercados e a privatização do Estado, condenado os tributos progressivos e os gastos sociais, em prol da austeridade monetária. Pesquisas demonstram que o processo de globalização econômica tem agravado o dualismo econômico e estrutural da realidade latino-americana, com o aumento das desigualdades sociais e do desemprego, aprofundando-se as marcas da pobreza absoluta e da exclusão social".

[87] SILVA, Reinaldo Pereira e. *O mercado de trabalho humano: a globalização econômica, as políticas neoliberais e a flexibilidade dos direitos sociais no Brasil.* São Paulo: LTr, 1998, p. 62.

Os conceitos mais modernos de soberania levam em conta esta situação de liberdade ou de escravidão econômica por que passam os países.

Outrossim, com a tendência natural de se verificar a criação de grupos supranacionais, por meio da integração regional, deve ser repensado o conceito de soberania externa, visto que certas medidas que afetam a vida econômica, social e política de um país deverão ser deliberadas pela totalidade de países que integram um bloco econômico, eis que o ato de um dos seus partícipes irá repercutir em todos eles. Destarte, toda a plêiade de integrantes de um conglomerado econômico e político deve ser consultada para que se possam traçar planos conjuntos e harmônicos.

A problemática do novo enfoque dado à soberania internacional está ligada ao diagnóstico de que a interdependência das nações trouxe consigo a relativização do conceito de soberania. Desta forma, não se poderia passar *in albis* o fato de que a Ciência Política teve de reestruturar o conceito de soberania em virtude da globalização da economia.

Com o término da Guerra Fria, em 1989, e a derrocada do império soviético, verificou-se uma grande mudança na ordem mundial. Com efeito, formaram-se e estão em gênese grandes blocos econômicos, o que tem acarretado uma simbiose e dependência das nações que integram os mercados prioritários.

Corroborando com o alegado, as nações não mais decidem o seu planejamento econômico sem a oitiva dos demais países que integram os blocos monetários.

Destarte, em contraposição a uma espécie de minimização da importância do constitucionalismo, emerge uma nova estrutura legal, o meta-constitucionalismo,[88] que seria a primazia da Norma Comunitária em desprestígio da Norma Constitucional Interna.

Seguindo esta linha de pensar, quando existisse um choque normativo entre a Carta Constitucional de um país e a Norma do Grupo, deveria haver preponderância desta em detrimento daquela.

Tal inovação jurídica decorre da interdependência nacional. Exemplo claro do que se alega é a vigente Constituição de Portugal (1997), que determina que, em havendo um conflito normativo (antinomia) entre os seus comandos mandamentais e algum dispositivo da Comunidade Européia, haverá a supremacia da norma comunitária. Logo, pode-se aduzir que o Direito Comunitário está num crescente e que, em contrapartida, verifica-se uma perda de relevância do Direito Constitucional.

Como conseqüência deste novo panorama, de supremacia da vontade colegiada das nações em detrimento da *voluntas* de cada país isoladamente considerado, houve a necessidade de reformulação do conceito de soberania.

---

[88] MEIRELLES, Hely Lopes. *Direito Municipal Brasileiro*. São Paulo: Malheiros, 1996, p. 83.

De toda a explanação acima, fica cristalizada a idéia de que houve uma relativização do conceito clássico de soberania externa ou internacional.

Outros três aspectos marcantes da Globalização na seara política foram a queda da valia dada aos produtos exportados pelos países em desenvolvimento, a derrocada do bloco que defendia o ideário socialista e o acirramento de intolerâncias étnicas e religiosas derivadas do crescente empobrecimento de países não-desenvolvidos.[89]

A menor valorização dos produtos primários é uma clara faceta política e econômica da globalização. Sim, a principal bandeira do neoliberalismo é a queda de barreiras comerciais protecionistas. Via consecutiva, os defensores desta vertente do capitalismo pugnam pelo crescimento das tratativas mercantis internacionais. Contudo, com o fito de se obter uma balança comercial que lhes seja favorável, os países que comandam o processo globalizante agregam valor econômico naqueles produtos por eles exportados, ao mesmo passo que minoram a valia dos produtos por eles importados. Assim, houve uma diminuição dos preços pagos aos produtos primários ou meramente manufaturados em contrapartida de uma mais valia agregada aos produtos de técnica industrial de ponta.

Outro fator preponderante no plano político foi a queda da bipolaridade entre o bloco capitalista e o socialista. A globalização da ordem econômica foi fator decisivo para o declínio do bloco capitaneado pela antiga União das Repúblicas Socialistas Soviéticas. Com efeito, o anseio populacional pela democracia, bem como pelo mercado de consumo, propiciou todo o panorama necessário à implantação de idéias capitalistas

---

[89] Para Liszt Vieira, autor de quem tomei emprestadas estas conseqüências políticas da globalização da economia, sem – contudo – utilizá-las com a densidade dada pelo autor, "do ponto de vista político, pode-se falar em crise global que atravessou três fases: 1) a primeira foi marcada pela queda dos preços dos artigos primários, pela crise da dívida e pelo empobrecimento do Terceiro Mundo. Como condição para a renegociação de suas dívidas, os países em desenvolvimento adotaram os programas de 'ajuste estrutural' do FMI – Banco Mundial, reduzindo o poder de compra interno, produzindo para o mercado externo e ocasionando o empobrecimento de milhões de pessoas. Tais programas foram acusados de contribuir para desestabilizar moedas nacionais e arruinar as economias dos países em desenvolvimento, agravando o *apartheid* social. 2) a segunda caracterizou-se pela quebra do bloco comunista e pela reinserção do Leste europeu e da ex-URSS no sistema global de mercado. O comércio entre os países do antigo Comecon, e entre o Terceiro Mundo e o antigo bloco comunista foi abortado. O mesmo receituário econômico que fora aplicado ao Terceiro Mundo foi imposto pelas instituições de Bretton Woods ao Leste europeu, Iugoslávia e ex-URSS, com efeitos econômicos e sociais perniciosos. 3) Como, do ponto de vista dos bancos internacionais, a 'crise da dívida está oficialmente terminada', a década de 80 consiste, para vários países devedores, no início de uma 'terceira fase' de crise, agravando-se pela deterioração econômica e social. O pano de fundo, obscurecido pela mídia, é a relação existente entre o programa de ajuste estrutural do FMI – Banco Mundial e a crise econômica, a inquietação social, a luta étnica, o fundamentalismo religioso e a guerra civil que irromperam em várias partes do mundo em desenvolvimento, como na Somália, Iugoslávia e Ruanda. Não se estabelece, em geral, nenhuma relação entre esses conflitos e a anterior desintegração do Estado pelo peso do serviço da dívida externa e do ajuste estrutural". *In: Cidadania e Globalização*. 4. ed. Rio de Janeiro: Record, 2000, p. 85-86.

dentro de países que até bem pouco tempo faziam parte do Bloco Soviético. A grande maioria das mudanças sociais é vislumbrada em decorrência de fatores de repulsa e de atração. Se a falta de democracia se consubstanciava no fator de repulsa no Leste Europeu, a busca por mais modernos bens de consumo e de produção foi a força atrativa necessária e suficiente para o desfacelamento da área de ingerência do bloco socialista e o conseguinte crescimento do sistema capitalista.

Em terceiro plano, a concentração cada vez maior de riquezas nas mãos de poucos países acarretou o agravamento do estado de miserabilidade de diversos países subdesenvolvidos. A crise econômica por que passam estes países fez aumentar o nível de intolerância social interna e externa. A convivência de povos em situação de pobreza absoluta é mais arredia. Confirmando a alegação, é de se destacar que as guerras civis, as sangrentas disputas religiosas, a completa desconsideração de direitos humanos e os confrontamentos raciais têm sido cotidianos. Vários são os países que atribuem aos Estados Unidos da América os seus crescentes empobrecimentos, nomeadamente porque as instituições financeiras sediadas naquele país vêm ditando as regras econômicas mundiais e em nada contribuíram para a revisão desse quadro de concentração do capital, tendo inclusive influenciado tal situação.

O ponto máximo de toda esta insatisfação, decorrente da centralização de riquezas, é atribuído ao recente atentado terrorista que destruiu os prédios do *World Trade Center* e atingiu o Pentágono, centro de operações militares dos Estados Unidos da América. Muitos analistas políticos asseguram que, embora reprováveis, os atentados de 11 de setembro de 2001 vão se constituir em verdadeiro divisor de águas na órbita política. Vê-se que a globalização tem sido, até o presente momento, excludente, posto que só tem se preocupado com o aumento dos lucros dos países mais ricos. O que se precisa realizar é um processo de globalização integradora, de sorte que se possa universalizar os seus efeitos positivos. Acredita-se que os atos de terror imputados a grupos muçulmanos radicais sirvam, ao menos, para que se possa realizar uma reestruturação do pensar capitalista, máxime para que se possa ter uma convivência harmônica no plano político e econômico.

3.4. A globalização da economia como impulso maior da automatização

A globalização trouxe consigo a busca pelo crescimento de mercados consumidores, posto que os países condutores do processo tinham de escoar a sua produção industrial e também objetivavam manter aquecidas as suas economias.

No afã de se fortalecerem, em tempos de maior concorrência mercadológica, os países começaram a se organizar em blocos econômicos.

Este trabalho se alia aos que defendem a existência de uma interligação entre a globalização da economia, o aumento do uso do maquinário com vistas a diminuir os custos de produção e o conseguinte desemprego.

É certo que essa linha de pensar encontra resistências. Dentre os estudiosos da matéria, o Professor uruguaio Américo Plá Rodrigues entende que não se forma um elo inquebrantável entre a globalização, o crescimento da técnica e o desemprego estrutural.

Confirmando o que se aduz, é de bom tom trazer à tona o pensamento do supracitado autor, *verbis*:

> Reconhecida a existência da globalização, convém assinalar que a linha de argumentação, a que muita gente costuma recorrer, é muito esquemática e por demais simplificada: a globalização gera competitividade e esta conduz à flexibilidade trabalhista. Questionamos esse argumento, mas não podemos negar que tem sido amplamente difundido e que muitos o apresentam como um raciocínio impecável e irrespondível. Nós o questionamos, pois há nele vários pontos discutíveis que obrigam a relativizar o conceito e reduzir sua significação.[90]

O citado jurista subdivide a sua crítica em três aspectos basilares.

O primeiro diz correlação com o custo laboral, que não estaria sendo mensurado de uma forma que se possa dar ao fator do trabalhador a transcendência que se lhe quer atribuir. Sim, ele entende que cada produto tem uma situação distinta acerca do fator trabalho, pois na confecção de algumas mercadorias a parcela de custo atinente ao trabalho é diminuta e em outras é substancial. Assim sendo, advoga a tese da análise caso a caso (produto a produto) da maior ou da menor influência da mão-de-obra humana.

O segundo está atrelado à ausência de se estudar a repercussão, no rendimento do trabalhador, de fatores como o seu nível de satisfação com a contraprestação pecuniária do trabalho ou demais circunstâncias que envolvem a relação empregatícia.

O terceiro ponto mencionado pelo catedrático em comento é o fato de que a competitividade não poderia ser buscada em detrimento das condições do labor, ou seja, não seria lícito o rebaixamento das condições laborais como forma de se ganhar uma disputa pelo mercado consumidor.

---

[90] PLÁ RODRIGUES, Américo. *Princípios de Direito do Trabalho*. 3. ed. São Paulo: LTr, 2000, p. 72.

No que pese a explanação do sempre percuciente jurista uruguaio, convém reiterar que este escrito entende que a regra é que a globalização acarretou uma maior disputa pelos mercados consumidores. Para ganhar esta corrida mercadológica, tornou-se necessária uma redução dos custos de produção. A automatização, como é de geral conhecimento, gera diminuição do custo imediato, muito embora traga a reboque o aumento dos níveis de desemprego. Os fatores suscitados por Plá Rodrigues não têm o condão de nulificar a regra descrita acima, eis que são aspectos que tangenciam a problemática, não a enfrentando de frente. Registre-se, igualmente, que a terceira irresignação tem silhueta, *permissa venia*, de utopia acadêmica, porque é de conhecimento cotidiano que o *dumping* social, muito embora reprovável, é utilizado indiscriminadamente pelas empresas para diminuir seus custos finais.

É indubitável que as empresas estão em busca de condições de competitividade que lhes propicie uma maior inserção no mercado mundial. Para tanto, a automatização é um dos mecanismos mais usados e, com certeza, o mais importante. Contudo, não é o único, pois ao lado do processo de substituição gradativa do homem pela máquina existe a reorganização do trabalho. As empresas são, hoje, mais horizontais, abandonando o modelo vertical, tradicional. A empresa idealizada por Ford, retomando o taylorismo, com a linha de montagem, produção em larga escala e, sobretudo, responsável pela produção do produto do início ao seu término, cedeu lugar a um modelo mais vertical, com importação das técnicas da Toyota.[91] É a passagem do Fordismo para o Toyotismo.

3.5. A globalização e seu reflexo na organização sindical

Antes de adentrarmos no núcleo central da matéria em epígrafe, vê-se a necessidade de conceituação da organização sindical. Os sindicatos são pessoas jurídicas de direito privado, cujos atos constitutivos estão devidamente arquivados perante o Ministério do Trabalho, cabendo-lhe a defesa dos direitos e interesses coletivos ou individuais da categoria, ainda que seja em questões judiciais e/ou administrativas.

Para Cesarino Júnior, o sindicato é "a associação profissional reconhecida pelo Estado como representante legal de uma categoria".[92]

Ultrapassada a adoção de um singelo conceito de sindicato, premente que se debruce sobre a queda da importância dos grêmios trabalhistas em virtude da globalização da economia.

---

[91] A passagem do Fordismo para o Toyotismo está retratada na seção 6.2 do capítulo 6 desta obra.
[92] CESARINO JÚNIOR, A. F. *Direito Social*. São Paulo: LTr, 1980, p. 504.

Direito Constitucional do Trabalho
ASPECTOS CONTROVERSOS DA AUTOMATIZAÇÃO

A globalização tem gerado um grande temor no que toca à perda dos empregos, além da insegurança na manutenção dos postos de serviço. Tais fatores têm acarretado um sentimento psicossocial de egoísmo, pois cada trabalhador está preocupado em se manter empregado, o que ocasiona uma súbita redução do poder de organização sindical. Sim, os valores pessoais estão sobrepujando o espírito coletivo, associativo, plural, que sempre caracterizou as classes operárias organizadas. Isso tem feito com que os sindicatos, em nível mundial, venham perdendo força e filiados, justamente em momento histórico em que se tende a estimular a negociação coletiva de trabalho.

No que respeita ao Brasil, o modelo sindical é obsoleto, fator que permite uma influência ainda mais nefasta, do que em outros países, da globalização nos órgãos coletivos de negociação trabalhista.

O sindicalismo brasileiro é constituído de sindicatos por categoria. Pugna pelo cânone da unicidade sindical, não se aceitando a criação de mais do que um sindicato representativo da classe profissional ou econômica dentro da mesma base territorial, consoante se infere do art. 8º, inciso I, da Lei Fundamental de 1988. Os sindicatos foram instituídos com a promulgação da Carta Constitucional de 1937, que foi marcada, quanto ao regramento sindical, pela forte influência da chamada *Carta Del Lavoro* de 1927, da então fascista Itália. Por fim, merece registro que o principal aporte de recursos dos sindicatos no Brasil é o da contribuição sindical obrigatória, verdadeiro imposto sindical, que é cobrado de todos os trabalhadores e/ou empregadores cuja atividade se atrele à da categoria representada pelo sindicato, quer sindicalizados ou não.

Não seria ilícito afirmar que o desenrolar do processo de globalização econômica gera a multiplicação e o incremento das multinacionais. Este fato tem repercutindo na atuação sindical, porquanto a estrutura sindical deve ser repensada, eis que forjada para atuar em pretérita situação social, política e econômica, quando as empresas não tinham estrutura supranacional.

Não poderia ser diferente quanto aos sindicatos brasileiros. O modelo sindical pátrio deve se modernizar, com o fito de atender aos novos anseios dos trabalhadores e às novas realidades da técnica, da política e da economia mundiais.

É bem verdade que a necessidade de uma reformulação da estrutura sindical não é sentida apenas no Direito Brasileiro. Com efeito, o sindicalismo mundial atravessa delicado momento, verificando-se a redução do número de filiados e não exercendo a mesma influência no meio social.

Tais fatores, atestadores do descrédito dos trabalhadores para com as instituições sindicais, são frutos diretos da crise econômica e geram a desmobilização. Quem reitera a descrença do modelo sindical clássico é Wolney Cordeiro, ao teorizar que:

> Os grêmios trabalhistas, responsáveis pelas conquistas havidas a partir de meados do século passado, vão paulatinamente diminuindo sua representatividade entre os trabalhadores e, conseqüentemente, perdem seu peso como reguladores das relações de trabalho. O modelo sindical combativo, ideológico e reivindicativo vai perdendo o fôlego e afastando os interesses dos trabalhadores em geral.[93]

Os principais aspectos que desencadearam a falta de credibilidade do ente sindical foram os seguintes: a fragilidade dos Sindicatos para coibir a marcha crescente do número de desempregados, sendo que significativa parcela dos postos de serviços perdidos tem correlação com a automatização; a imperícia sindical para brecar a flexibilização desmedida dos direitos trabalhistas; por fim, a carência de poder de barganha sindical, de molde a evitar o achatamento dos salários reais.

Todavia, o sindicato só é forte com a efetiva participação de seus filiados, devendo ser utilizado, mesmo em épocas globalizadas, como protetor – um verdadeiro escudo. Não se pode perder de vista que os sindicatos possuem papel de relevo especial na mitigação dos efeitos da globalização, nomeadamente no que tange ao desemprego.

Em suma, o enfraquecimento sindical advindo da internacionalização do capital (globalização) permitiria a supressão de direitos conquistados ao longo da história, por meio de muitas batalhas jurídicas e até mesmo físicas. Esta fragilidade infelizmente coincide com o momento em que se busca uma flexibilização dos direitos trabalhistas, o que exige dos sindicatos uma maior atuação. Justamente no momento em que o sindicato, enquanto instituição, tem a responsabilidade de discutir diretamente com o empregador as condições de trabalho ele se apresenta debilitado.

3.6. A globalização e o desemprego: a ideologia do empregador e a visão de Paul Singer

As empresas, com a acirrada busca de consumidores – decorrência do processo de globalização – têm buscado o aprimoramento técnico. A melhoria técnica, por seu turno, faz com que as firmas diminuam os seus gastos, o que possibilita a oferta de produtos com idêntica, ou melhor, qualidade e por expensas pecuniárias menores.

---

[93] CORDEIRO, Wolney de Macedo. *A Regulamentação das Relações de Trabalho Individuais e Coletivas no Âmbito do Mercosul*. São Paulo: LTr, 2000, p 58-59.

Porém, aludido melhoramento tecnológico dos parques industriais tem gerado forte desemprego. Tal circunstância se avulta nos países em desenvolvimento, onde os empresários não se deram conta da mazela social que pode decorrer do trinômio: globalização-automatização-desemprego.

Não destoando desta mesma tônica, os empresários nacionais, via geral, têm vislumbrado no processo de desenvolvimento tecnológico uma forma de diminuição do custo final de seus produtos e uma conseguinte maior competitividade no mercado internacional.

Merece ser registrado que o bloco empresarial tupiniquim deve aprender com as boas iniciativas produzidas alhures no sentido de tornar compatível o desenvolvimento financeiro e lucrativo das empresas com a melhoria das condições sociais. O empresariado brasileiro deverá, dentre outras medidas, alterar a sua mentalidade para que se possa evitar que a ânsia de diminuição do custo final do produto, com a implementação do "*dumping* social", não venha a se constituir no verdadeiro suicídio empresarial.

É inconteste que a introdução de modernos maquinários permite a substituição de um grande número de empregados. Entrementes, caso seja verificado o despedimento em massa, haverá uma queda do poder de compra do consumidor, além da própria redução dos que terão acesso ao consumo, visto que muitos cidadãos estarão sem emprego, o que, por via consecutiva, será prejudicial ao empregador.

Então, pode-se aduzir que, no atual contexto, é mais interessante para o empregador manter um subordinado dito dispensável do que despedi-lo. Caso todos os empresários, concomitantemente, despedissem os seus prestadores de serviço (*lato sensu*), haveria uma súbita redução do mercado consumidor, o que geraria, como supradito, grave desequilíbrio entre a oferta e a procura. Haveria uma crise de vendas e a inevitável quebra de muitas empresas. Este indesejável quadro já se presencia em países que possuem capitalismo selvagem.

Ao contrário, para o crescimento do faturamento das indústrias na sociedade global, o correto seria, além da implantação da automação, impor-se o aumento do poderio de compra do mercado consumidor, prestigiando-se o trabalhador, pois é ele quem impulsiona todo o mercado, desde a confecção do produto até sua compra, uma vez que, por mais avançadas que as máquinas sejam, jamais se encontrarão no final da cadeia mercadológica, não podendo, portanto, comprar.

Alguns países já atentaram para a necessidade de se prestigiar o empregado e seu emprego. Cita-se, à guisa de exemplificação, o Japão, que, segundo dados oficiais de 1996, possui taxa de desemprego em torno de 3,2%, mesmo mantendo os *madogiwazoku* (tribo da janela), empregados desnecessários e que são remunerados por estarem no recinto do trabalho, mesmo sem nada fazerem. Segundo estimativas de órgãos de pesquisa daquele país, os ociosos que estão trabalhando chegaram ao índice de 7% no final do ano passado. Em suma, o governo e o empresariado japoneses mantêm tais empregados, pois têm ciência das indesejadas conseqüências econômicas e sociais da demissão generalizada. Contudo, mesmo louvando a atitude da maioria da classe econômica japonesa, assim como do seu Governo, não se pode deixar de citar que existem formas precárias de relação de emprego também no país nipônico.

Dentre os estudiosos da problemática do desemprego desencadeado pela globalização, mais diretamente em decorrência do aprimoramento da técnica, deve ser dado relevo especial ao pensar de Paul Singer.[94]

Para o autor em comento, o final do século XX demonstra um claro mal-estar social, nomeadamente no que tange ao crescente universo de pessoas economicamente ativas e que não encontram uma ocupação remunerada. Argumenta que dita situação denota traço inevitável de uma nova etapa da evolução do sistema capitalista.

Esta nova etapa do sistema capitalista é enfocada como verdadeira Terceira Revolução Industrial, cuja conseqüência mais danosa seria o agudo aumento na produtividade do trabalho, o que tem ocasionado um problema endêmico de desemprego tecnológico.

O catedrático entende que o termo que melhor pode refletir a situação do mercado de trabalho não é o verbete "desemprego", mas a expressão "precarização", porque os novos postos de serviços criados em virtude das novas tecnologias não conseguem nem suprir a carência de absorção de mão-de-obra, mas – principalmente – não conferem aos seus ocupantes os mesmos direitos e garantias que eram previstos legal ou convencionalmente nos empregos tradicionais, sendo corriqueiras as relações informais ou incompletas de emprego, o que se reverte em sentido socialmente difundido de insegurança no emprego.

A precarização do trabalho, segundo defende o escritor, gera a exclusão social. As palavras que se seguem representam o pensar do estudioso:

> A precarização do trabalho inclui tanto a exclusão de uma crescente massa de trabalhadores do gozo de seus direitos legais como a consolidação de um ponderável exército de reserva e o agravamento de suas condições.[95]

---

[94] Nascido em Viena, Paul Singer reside no Brasil desde a infância e atualmente leciona na FEA-USP, onde realiza aprofundados estudos nas áreas de economia, problemas de trabalho, saúde e urbanização. A leitura do seu *Globalização e Desemprego: diagnóstico e alternativas* elucida a sua forma de pensar a temática do desemprego estrutural.

[95] SINGER, Paul. *Globalização e Desemprego: Diagnóstico e Alternativas.* 4. ed. São Paulo: Contexto, 2000, p. 29.

Direito Constitucional do Trabalho
ASPECTOS CONTROVERSOS DA AUTOMATIZAÇÃO

É uma premissa insofismável o fato de que a existência de um número maior de desempregados (exército de reserva) faz com que haja o aviltamento das condições alusivas ao mercado-de-trabalho, posto que os mourejadores – para manter os seus postos de serviço – abdicam de uma série de direitos e garantias que antes era indisponível.

Dois são os enfoques dados pelo estudioso quando ele se debruça sobre o tema da exclusão social. Aprecia a questão sob o ângulo do individualismo e sob o prisma do estruturalismo.

Os defensores da primeira corrente entendem que as instituições postas em defesa do sistema tradicional de trabalho podem gerar um entrave na atividade econômica, fato que resultaria em recessão e conseqüente agravamento da exclusão social. Assim sendo, pugnam pela idéia de desregulamentação do mercado de trabalho, com vistas a permitir que um maior poder negocial seja destinado aos atores da relação jurídica da ocupação humana.

Já os simpatizantes da segunda corrente acreditam que o mercado é um combate, onde há vencedores e vencidos. Neste diapasão, a estrutura e as instituições do bem-estar social teriam crucial importância para oportunizar aos trabalhadores uma nova oportunidade no embate ou confrontamento do mercado.

É certo que a idéia reinante nos dias hodiernos, no ordenamento jurídico brasileiro, é a da teoria individualista. Prova marcante do que se alega é a permissão da supremacia das negociações coletivas de trabalho em desfavor dos comandos normativos aplicáveis à espécie.

Diante do panorama de dificuldades exposto acima, o autor sugere a adoção de solução não-capitalista para o desemprego. Demonstra claro ceticismo ao teorizar que as medidas capitalistas (redução de jornada de trabalho, aceleração do crescimento econômico, oferta de financiamento para que os desempregados possam iniciar negócio próprio, capacitação da mão-de-obra desocupada, dentre outras) anteriormente propostas para a recuperação dos postos de serviço perdidos em virtude do avanço tecnológico ou das mudanças internacionais do trabalho não se mostram como suficientes para conter a atual onda de desemprego estrutural.

Muito embora entenda que as medidas enfocadas acima ainda sejam necessárias, interpreta-as como paliativas e frágeis para a superação da crise empregatícia mundial. Acredita em uma solução pouco ortodoxa para se suplantar o problema em enfoque. Aduz que os excluídos sociais, entendendo-se estes como sendo os que estão à margem do mercado formal de trabalho, deveriam ser beneficiados com o estímulo estatal para que promovam a gênese de um novo setor econômico, formado por pequenas empresas e trabalhadores por conta própria, que tenha um mercado protegido da competição externa para os seus produtos. A medida mais interessante no que tange ao surgimento deste novo setor de reinserção produtiva é a sugestão de que o ganho oriundo da venda dos produtos deste setor econômico fosse utilizado para aquisição de bens e serviços mais uma vez ofertados pelo mesmo grupo de empresas e/ou trabalhadores. Defende, inclusive, que as compras deveriam ser feitas dentro de uma grande cooperativa e que as transações comerciais deveriam ser quitadas com uma moeda própria, diversa da moeda geral do país. Afirma que o uso desta moeda específica, que foi chamada de "sol" (derivação de solidariedade), fortaleceria o novo setor ou mercado.

No que pesem as explanações dispostas acima para a recuperação do mercado, este escrito não engrossa as fileiras dos que acreditam na possibilidade de desconsideração parcial da moeda nacional em prol de uma moeda de um grupo ou de uma casta. A desconsideração monetária que se apresenta nos hodiernos dias tem outra conotação, a saber: a queda das moedas internas em prol do surgimento e/ou do fortalecimento das moedas dos blocos econômicos. Assim sendo, tem-se que enquanto existe uma tendência de diminuição das moedas em circulação a proposta do estudioso caminha em rota de colisão com a realidade econômica mundial. Ademais, a impregnação do ideal capitalista tende a não possibilitar, na nossa ótica, uma aplicação cotidiana da propositura do estudioso austríaco.

3.7. Desenvolvimento sem trabalho e a necessidade do ócio criativo, na ótica de Domenico de Masi

Dentro do panorama de desemprego estrutural existem aqueles que defendem uma nova maneira de enfrentar a carência de ocupação humana. Nesta esteira de raciocínio, forçoso destacar que o sociólogo italiano Domenico de Masi entende que o trabalho não seria uma necessidade do ser humano. O que se busca, na realidade, não é trabalhar, mas sim um mecanismo de manutenção financeira das necessidades e anseios materiais que é propiciada pelo labor.

Ele entende que existe uma verdadeira adoração ao ato de trabalhar, em virtude de dogmas ditados pela sociedade, pela igreja e por previsões legais. Afirma que este local de destaque conferido ao labor não é merecido, pois se deve prestigiar outras atividades humanas estranhas a prestação de serviços, tais como o engrandecimento cultural, espiritual, a prática de atividades físicas, a realização de viagens.

Chega a teorizar que o desemprego seria uma felicidade suprema, afirmando que:

Por sorte, em somente duas gerações a sociedade industrial provocou mudanças revolucionárias, de modo que hoje aumentou a massa de pessoas que não trabalham no sentido estrito do termo (estudantes, desocupados e idosos), e mesmo aquele que trabalha dispõe de mais tempo livre.[96]

Fundamenta o seu pensar em abordagem bíblica, fazendo alusão a um paraíso onde a ociosidade reina, enquanto o trabalho estaria atrelado a atos punitivos, tal qual a sentença proferida em desfavor de Adão, quando este afrontou a supremacia divina e fora condenado a trabalhar a terra com o suor do seu corpo.

O autor em tela entende que o desenvolvimento não está atrelado ao labor. Corroborando com o que se alega permite-se citar as dez teses propostas pelo sociólogo italiano do desenvolvimento sem trabalho:[97] 1) aduz que o progresso humano se caracteriza pela intencional liberação do esforço físico e intelectual. Assim sendo, o homem teria – com o avanço tecnológico dos hodiernos dias – conquistado o direito de liberar-se do trabalho *tout court*, dedicando-se a atividades propriamente humanas como o estudo; 2) teoriza que as invenções tecnológicas geram duas reações diversas: primeiramente vê-se a questão como causadora de desemprego e de desequilíbrio social e só em momento posterior aprecia-se o fato como sendo uma liberação do fardo do trabalho; 3) assevera que o ritmo da liberação das correntes escravagistas do trabalho é lento em virtude, principalmente, de se repensar o sistema social, de molde a que se possa valorizar o ócio ativo, ou seja, a faculdade humana de dedicar-se a atividades que não se voltem para o trabalho tradicionalmente conhecido; 4) afirma que a sociedade industrial optou por prestigiar a tecnologia em desfavor de outros fatores humanos, gerando a superprodução de objetos de duvidosa necessidade e/ou utilidade; 5) a inovação tecnológica tem feito com que haja o incremento da produção, mesmo com um número menor de empregados; 6) a sociedade pós-industrial caracteriza-se pela celeridade do progresso tecnológico, o que inibe a absorção – por parte do mercado de trabalho – da mão-de-obra. Entende que a situação da carência ocupacional é regra nos dias atuais, e a sociedade há de se adequar a esta nova realidade social; 7) diz que existem esforços inúteis para tentar ocupar os trabalhadores que estão à margem do mercado de trabalho. Pugna pela tese de que só quando restar evidenciada a derrota dos que ainda insistem em incrementar os postos de serviço é que se poderá aquiescer com a idéia da liberação do trabalho; 8) escreve que se na Idade Média houve a liberação da escravidão, que se na sociedade industrial houve a

---

[96] DE MASI, Domenico. *O Ócio Criativo*. Rio de Janeiro: Sextante, 2000, p. 301.

[97] DE MASI, Domenico. *O Futuro do Trabalho: Fadiga e Ócio na Sociedade Pós-Industrial*. Rio de Janeiro: José Olympio; Brasília: Editora da UnB, 1999, p. 291 e seguintes.

liberação do esforço, nos tempos de sociedade pós-industrial haverá a liberação do trabalho; 9) com o crescimento tecnológico, muitos serão os produtos confeccionados com mínima quantidade de trabalho humano. Logo, diz o catedrático italiano que devem existir critérios sociais de distribuição dos bens e serviços, mesmo para aqueles que em nada contribuíram para a sua feitura ou prestação; 10) deve-se, segundo o estudioso, estimular a criatividade, porque a preparação profissional para o trabalho criativo deve ser integrada à preparação profissional para o ócio ativo.

Muito embora mereça todo o nosso respeito acadêmico, ousamos discordar do sociólogo italiano, mormente porque seria necessário – para a implementação de suas idéias – um novo pacto social. Registre-se que o novel ajuste haveria de não atribuir ao trabalho humano a valia que hoje é conferida. Afora isso, é de conhecimento comum que se de um lado o progresso tecnológico decreta a extinção de alguns ofícios, cria, de outra banda, novas ocupações, razão pela qual se entende que a desocupação pode ser superada com novos investimentos diretos que tenham por fito aumentar a produção de bens e serviços em favor de um mercado consumidor cada vez mais exigente.

3.8. O quadro político europeu: a promessa de diminuição do desemprego como fator decisivo no campo eleitoral

O povo europeu encontra-se em uma das mais drásticas crises de redução de postos de serviço. O nível de desemprego – fruto da globalização – no Velho Mundo alcança patamares alarmantes.

Como prova disto, pode-se citar que, na França, o percentual de pessoas economicamente ativas que estão procurando emprego chega a 13%. Já a Itália possui 12% de ociosos, enquanto a Alemanha se depara com 11% de pessoas produtivas sem serem absorvidas pelo mercado de trabalho. A Inglaterra, com taxa de desemprego oficial em torno de 5,8%, constitui-se em honrosa exceção continental. Esta situação de desemprego endêmico já perdura há algumas décadas.

Influenciando todo esse panorama encontrava-se o interesse do antigo *premier* alemão Helmut Kohl – um dos maiores mentores do processo de integração regional da Europa –, em integrar o Velho Mundo em uma União Européia, caracterizada pelo livre trâmite de trabalhadores, e pela existência de uniformização legislativa, monetária e de políticas alfandegárias. O temor do crescimento ainda maior da galopante onda de desemprego fez nascer um sentimento nacionalista nos europeus, não se mostrando satisfeitos com a criação da Europa Unida. Neste diapasão, cumpre relembrar que várias foram as manifestações contrárias à implementação do Tratado de Maastricht, nomeadamente na França.

Ainda como inequívoca prova do alegado, faz-se mister consignar as recentes e vitoriosas campanhas do trabalhista Tony Blair, na Inglaterra, e do socialista Lionel Jospin, na França. Ambos se elegerem com uma forte semelhança no que tocam nas suas propostas de governo: levantaram como bandeira principal de suas plataformas governamentais a necessidade de se aumentar o número de empregos, não obstante tais acréscimos pudessem retardar a implementação total da Unificação Européia.

Celso Furtado, ao apreciar a questão em tela, aduz que a preocupação e a tendência européia é a busca de uma forma de globalização que não se preste ao agravamento das exclusões sociais. Sustenta que tal fato tornou-se inconteste com o perfil dos governantes selecionados – nas últimas eleições – para a França e Inglaterra. Diz o economista paraibano que:

> A discussão que domina atualmente a cena européia centra-se na questão de como evitar que a globalização agrave a exclusão social. Os resultados das eleições de 1997 na Inglaterra e na França mostram que as populações estão atentas para esse problema. Entre nós é óbvio que a questão social exige uma política abrangente, pois o desemprego é gerado tanto pela estagnação da economia como pelo seu crescimento.[98]

Essa nova realidade social européia permite aos autores alegarem que o ciclo do neoliberalismo mostra sinais de desgaste, e que a onda do Pós-Neoliberalismo[99] toma corpo a cada dia que passa.

Tudo isso comprova a tese cíclica dos movimentos sociais e políticos, pois se em tempos idos – há um curto lapso temporal – pugnava-se pela recusa do dogma do pleno emprego, há, nos dias atuais, uma clara tendência mundial no sentido de se buscar a garantia empregatícia. O modelo de privatizações brasileiro, que teve clara inspiração no europeu, é outra prova viva de quanto são cíclicos os movimentos sociais e políticos, porquanto se num primeiro momento se prestam para reduzir a atuação do Estado (idéias neoliberais), já prevê que se as empresas vencedoras não alcançarem, dentro do prazo predeterminado, as metas exigidas no instrumento convocatório haverá um retorno de certas atividades ao controle estatal (idéias pós-neoliberalismo).

Em suma, não há que se falar em estratégia política atual que fique à margem da preocupação de aumentar o universo de pessoas inseridas na

---

[98] FURTADO, Celso. *O Capitalismo Global*. 4. ed. São Paulo: Paz e Terra, 2000, p. 75.

[99] O pós-neoliberalismo seria uma retomada, por parte do Estado, de algumas atividades estratégicas que tinham sido destinadas aos particulares e em cuja manutenção e/ou melhoria a iniciativa privada não obteve êxito. Com a frustrada tentativa de diminuição do Estado, o Poder Público viu-se forçado, em atenção ao cânone da eficiência com que os préstimos públicos devem ser prestados, a voltar a atuar na seara econômica.

população economicamente ativa, até como forma de aquilatar o mercado consumidor e aquecer a economia. Caso alguma agremiação partidária pretenda desconsiderar o papel de relevo desta questão ora enfocada, ela estará fadada ao insucesso político. Por guardar uma proximidade maior com as idéias trabalhistas, várias foram as recentes vitórias dos partidos de inclinação social, quer na Europa, quer nos países da América do Sul. Resta saber se a prática administrativa destes governos vai conseguir suplantar as mazelas sociais desencadeadas pela globalização.

3.9. Conclusões do capítulo

Ao término desse estudo de alguns aspectos da globalização, deve-se asseverar que houve, por questões metodológicas, a eleição de alguns dos efeitos e reflexos da mundialização na vida cotidiana. É fato que há uma grande gama de matérias atingidas pelo processo de globalização mundial que não foram abarcadas por esta singela abordagem do tema.

1) A globalização, sob o ângulo histórico-econômico, encontra alguns precedentes, todavia convém ressaltar que as especificidades do processo em exame o diferenciam sobremaneira desses paradigmas históricos;

2) Na ciência política, o advento da globalização trouxe, como reflexo precípuo, a derrocada da tradicional concepção de soberania (*summa potestas*). Como prova do dito, há uma queda da influência constitucionalista em prol do metaconstitucionalismo;

3) A criação dos blocos econômicos, provocando uma nova ordem mundial, tem gerado certa interdependência entre os países, os quais necessitam da concordância e da participação dos seus agrupados para se traçar metas conjuntas e planejamentos econômicos não-conflitantes;

4) A globalização tem acarretado queda na influência social dos sindicatos, o que tem feito com que não se apresentem suficientemente fortes para minimizar o desemprego oriundo da implementação da técnica de ponta (automação);

5) A ideologia do empresariado, em tempos globalizados, há que ser revista, pois se os mesmos começarem a demitir seus empregados em face do aprimoramento tecnológico, haverá uma súbita redução no mercado consumidor e um prejuízo maior para todos;

6) O povo europeu, mormente os franceses e os ingleses, demonstrou nas recentes eleições ocorridas naqueles países, que o dogma que está em vigor e que é valorizado pelos cidadãos é a mantença do pleno emprego e a maior intervenção fiscalizatória do Estado.

4. Automatização e seu reflexo na diminuição no quantitativo de empregos: uma preocupação mundial

4.1. Direito Internacional do Trabalho: aspectos introdutórios

Partindo-se da premissa de que a atividade humana, no campo laboral, é presente nos atuais dias em quase todas as sociedades organizadas, tem-se que a preocupação quanto ao regramento da relação empregatícia não fica cingida aos limites geográficos de cada Estado.

Assim sendo, tem-se que o rompimento das barreiras físicas de cada país, quanto ao dever de regulamentar o liame de emprego, fez com que se desse especial relevo ao estudo do Direito Internacional do Trabalho.

A importância do estudo do Direito Internacional do Trabalho tem-se avolumado com o advento dos processos de integração regional, que permitem a livre circulação de trabalhadores das mais variadas nacionalidades, sem maiores entraves de divisões territoriais. Com efeito, a criação dos blocos econômicos tem reclamado a harmonização dos direitos trabalhistas dentro dos países integrantes do conglomerado. É dentro desta realidade fática que se permite estatuir algumas ponderações introdutórias acerca do Direito Internacional do Trabalho.

É certo que dentre os desafios impostos ao direito pelas técnicas surgidas nas últimas décadas do século XX, o maior deles é, indubitavelmente, a agilização da chamada globalização da economia. A expansão da economia além das fronteiras físicas de cada país propicia relações internacionais mais céleres e intensas, tanto públicas quanto privadas. Por outro lado, cresce o número de blocos de integração regional ou sub-regional, constituídos por tratados internacionais que objetivam, através da união econômica, melhor inserção dos países-membros no mundo globalizado. Dentro desse quadro, o Direito Internacional tem papel de destaque.

Direito Constitucional do Trabalho
ASPECTOS CONTROVERSOS DA AUTOMATIZAÇÃO

O mesmo ocorre, como não poderia deixar de ser, com o Direito Internacional do Trabalho. Na medida em que o comércio internacional se intensifica, mais evidente aparece a relação entre produção/comércio e normas trabalhistas. Além disso, os processos de integração econômica envolvem relações de trabalho que têm desencadeado uma série de preocupações e demandados estudos amplos e aprofundados.

Nesse contexto são geradas razões para um interesse renovado nas normas laborais internacionais, o que se traduz, sobretudo, pela busca de harmonia de condições de trabalho em nível mundial. A produção dessas normas é, até a presente data, e em sua grande maioria, obra da Organização Internacional do Trabalho (OIT).

Negociações muito mais ágeis, em um mercado muito mais aberto, acirram a concorrência internacional. Esta, que foi uma das razões (e certamente a primordial) para a criação da OIT, coloca-se, hoje, como fator preponderante para sua manutenção.

Para atingir os padrões de competitividade requisitados, as empresas promovem sua reestruturação produtiva e organizacional, o que repercute nas relações jurídicas de emprego, seja extinguindo-as, seja tornando-as precárias e instáveis. Compatível com esse quadro emerge e se fortalece o pensamento neoliberal que, fiel ao seu modelo, exige o Estado mínimo e não-intervencionista.

Enquanto o papel do Estado é reduzido, agigantam-se interesses e poderes particulares que ultrapassam fronteiras e não se subordinam a nenhum ordenamento jurídico. A grande volatilidade do capital aumenta a força negociadora dos empregadores em relação aos governos e, conseqüentemente, quebra a parca resistência das organizações sindicais, já fragilizadas pelo desemprego.

Nesse contexto, questionam-se os valores e princípios do Direito do Trabalho esculpido ao longo do século XX. Edificado sobre bases de ampla proteção ao trabalhador e constituindo um dos pilares do *welfare state*, ele vem sendo considerado modelo inadequado para reger as relações de trabalho, que mudam de perfil. Decorre desse quadro a demanda de normas flexíveis, ou seja, mais condizentes com as necessidades das empresas. A OIT teve papel relevante na elaboração desse direito e deve atuar no seu redimensionamento. De resto, trata-se de questão mundial, tendo, necessariamente, reflexo sobre a norma laboral internacional.

O presente trabalho pretende ser uma contribuição ao estudo da OIT, procurando demonstrar a relevância de sua atuação em nível mundial e sua preponderância no conjunto do Direito Internacional do Trabalho, nomeadamente porque é de geral conhecimento que as normas emanadas de fóruns colegiados internacionais possuem efeito vinculante no plano nacional, desde que haja a chancela da norma internacional.

É de bom alvitre registrar, neste particular, que o § 2° do art. 5° da Carta Constitucional Federal exige, por parte do ordenamento jurídico interno, observância ao que preconizam as normas multinacionais do qual o Brasil seja parte integrante. Para tal, impõe-se refletir sobre as razões de sua origem e a consolidação da tarefa que lhe foi atribuída, o que exige algumas considerações sobre sua estrutura e funcionamento. Examinar-se-á, por último, o papel que parece lhe caber dentro das novas tendências de criação de blocos de integração regional.

Seguindo esta esteira de pensar, merece registro o fato de que os Tratados e as Convenções Internacionais são considerados como fontes formais justrabalhistas, especificamente como fontes heterônomas do Direito do Trabalho.[100]

Não obstante já se tenha plasmado o fato de que a OIT é o principal órgão regulador do Direito Internacional do Trabalho, tem-se que a temática do desemprego estrutural não é discutida apenas no seu âmbito de atuação. Assim sendo, permite-se comentar o importante papel da OCDE com a questão vergastada.

4.2. Organização de Cooperação e Desenvolvimento Econômico (OCDE) e sua preocupação com o emprego

É certo que a Organização Internacional do Trabalho (OIT) é a instituição internacional que se apresenta, atualmente, como principal defensora do mercado de trabalho humano.

Entretanto, é cediço que o desemprego não é preocupação exclusiva da supracitada entidade de direito público internacional. Partindo desta inquestionável assertiva, faz-se mister mencionar o patamar de especial relevo atribuído à Organização de Cooperação e Desenvolvimento Econômico (OCDE).

O referido órgão coletivo surgiu como fruto da Convenção de Paris de 1960 (vigorando a partir de 30 de setembro de 1961), tendo substituído a Organização Européia de Cooperação Econômica (OECE). Tem sede em Paris e admite como participantes os Estados que já tenham conquistado determinado grau de desenvolvimento econômico, pouco importando a posição geográfica. Aqui presentes o seu cunho elitista e sua abrangência global.

---

[100] DELGADO, Maurício Godinho. *Introdução ao Direito do Trabalho*. São Paulo: LTr, 1995, p. 106.

Os fundamentos basilares da organização telada são o crescimento econômico dos partícipes, pugnando por transações mercantis não discriminatórias e melhoria das condições de vida dos habitantes dos países-partes.

Mário Soares retrata com felicidade os objetivos cruciais da OCDE, ao escrever que esta tem como cânones:

– a necessidade de ampliar o desenvolvimento econômico, através do crescimento da oferta de empregos;
– a melhoria do nível de vida dos povos dos Estados-membros e o impulso ao crescimento da economia mundial;
– a expansão do comércio internacional em bases multilaterais e não discriminatórias.[101]

Da leitura dos ensinamentos acima, fica claro que a preocupação econômica não é um fim em si mesmo, porque os fatores de melhoria da qualidade de vida dos povos, bem como a idéia de aquilatamento dos empregos confere uma feição social a OCDE.

A menção, mesmo que breve, acerca da organização em comento, visa exemplificar que a OIT não é o único órgão internacional que se volta direta ou indiretamente para a manutenção dos postos de trabalho.

Corroborando com o alegado, permite-se citar a produção de relatório da OCDE do ano de 1994, onde se constata que 35 milhões de habitantes de países desenvolvidos já estavam vivendo sem perspectivas profissionais. Resta mencionar que a maioria destes desempregados já havia perdido a esperança em encontrar uma ocupação no mercado formal de trabalho e culpavam os imigrantes pela acentuada queda de níveis de emprego dentro dos países mais ricos. Daí são extraídas duas conclusões: a problemática do desemprego também assola países com situação econômica estável e existe o crescimento de facções nacionalistas e de xenofobia, porquanto se tem associado a perda do emprego e/ou a não reabsorção do mercado de trabalho em virtude do aproveitamento da mão-de-obra estrangeira.

4.3. A Organização Internacional do Trabalho (OIT) e a busca do pleno emprego: a criação do Selo Social e a Convenção nº 158

No que pese a já mencionada existência de diversas instituições intergovernamentais voltadas, direta ou indiretamente, para a problemática

---

[101] SOARES, Mário Lúcio Quintão. *Direitos Fundamentais e Direito Comunitário: por uma metódica de direitos fundamentais aplicada às normas comunitárias.* Belo Horizonte: Livraria Del Rey Editora, 2000, p. 190.

empregatícia mundial, a Organização Internacional do Trabalho é, inegavelmente, o principal fórum de debates sobre o desemprego desencadeado pela automatização.

Neste norte, cumpre mencionar que a OIT tem estudado sistematicamente o problema do desemprego decorrente do incremento tecnológico.

Como fruto desses estudos, o colegiado em apreço publicou o *"Bulletin dinformations sociales"*, abrangendo o período contido entre 1982 a 1985. No intróito do escrito em referência, Hedva Sarfati e Margaret Cove enumeraram alguns dados que se interligam com as idéias defendidas nesta dissertação. Assim sendo, o presente texto permite-se transcreve-los, *litteris*:

1) As novas tecnologias têm o poder de melhorar a qualidade de vida. Elas permitem suprimir tarefas perigosas e repetitivas, ganhar tempo da execução do trabalho, obter rapidamente informação etc., ao mesmo temo que reduz o custo do ensino, da formação ou orientação profissional, da planificação financeira e de atividade de consultoria e assessoria. Mas, na atual conjuntura, a troca de tecnologia gera também o desemprego, além da insegurança do emprego;

2) Para a maioria dos Estados-membros da OIT, constituída de países em vias de desenvolvimento, essa nova revolução industrial pode ser prejudicial: se eles não puderem utilizar rapidamente as inovações tecnológicas, agravar-se-á o atraso econômico e aumentarão as dificuldades nos planos do emprego e da competitividade no mercado internacional;

3) Os sindicatos de trabalhadores reconheceram que as inovações tecnológicas são indispensáveis para a competitividade das empresas frente às suas concorrentes estrangeiras. Reivindicam, no entanto, maior segurança no emprego e nos locais de trabalho, além de facilidades para o trabalhador adaptar-se às novas técnicas, assim como maior atendimento ao fator humano por parte das fábricas de equipamento (ergonomia). Essas organizações desejam que os frutos da nova tecnologia beneficiem a todos, inclusive no tocante aos salários e às condições de trabalho, devendo os trabalhadores participar autenticamente da introdução das novas tecnologias (no entender desta modesta dissertação de mestrado, o meio mais apropriado para a autêntica participação dos trabalhadores na introdução das novas tecnologias seria a criação de comissões compostas por empregados e empregadores, para se discutir a marcha ou o ritmo de implantação dos produtos tecnológicos, como também a programação de cursos para o desenvolvimento do trabalhador, adaptando-o aos novos equipamentos);

4) A automação de fábricas e escritórios determinará, comumente, a revisão das qualificações profissionais requeridas e a própria maneira de trabalhar. Daí pretenderem os sindicatos que os empregadores assumam a carga de reciclagem ou da readaptação dos empregados atingidos.

A OIT foi instituída num cenário de pós-guerra. Ao final da Primeira Guerra Mundial tornou-se premente a colocação em prática de algumas idéias em favor dos trabalhadores, reclamo já existente desde períodos pretéritos ao confronto bélico e que já tinha ganhado corpo com a inclusão

Direito Constitucional do Trabalho
ASPECTOS CONTROVERSOS DA AUTOMATIZAÇÃO

de Direitos Sociais na Constituição do México (1917). Desta forma, a Conferência de Paz, instalada em 25 de janeiro de 1919, no qual foi celebrado o Tratado de Versalhes, teve o cuido de designar uma Comissão de Legislação Internacional do Trabalho. Ao final das deliberações do colegiado referido, foi criada – em 6 de maio de 1919 – a Organização Internacional do Trabalho.

O destaque hoje conhecido da OIT deve-se, em muito, a reestruturação ocorrida após a Segunda Grande Conflagração Mundial, mormente com a incorporação das idéias defendidas na Conferência da Filadélfia (1944). Ari Beltran menciona, com singular propriedade, a nova participação da OIT no panorama mundial de salvaguarda dos direitos trabalhistas, senão vejamos:

> De se notar que mesmo após a Segunda Guerra Mundial houve não só a manutenção como a revitalização da OIT. Notou-se que deveria haver a revisão dos princípios cardeais que norteariam sua ação no pós-guerra, o que foi debatido na Conferência da Filadélfia de 1944. Süssekind diz que 'nessa Conferência foi aprovada uma Declaração referente aos fins e objetivos da OIT, mais conhecida como Declaração da Filadélfia, e que constitui, no dizer de Troclet, uma proclamação de filosofia social de importância considerável.[102]

A OIT é composta de três órgãos principais, sendo eles: a) a Assembléia Geral, igualmente nominada de Conferência Internacional do Trabalho, que é constituída de representantes dos Estados partícipes, tendo como função primordial a deliberação tripartide (representantes dos trabalhadores, empregadores e Governos), e em periodicidade igual ou inferior a um ano, dos direitos trabalhistas; b) o Conselho de Administração, órgão que auxilia na gestão da organização e que também possui formação tríade. Segundo Amauri Nascimento, é "o órgão diretivo da OIT, verdadeiro ministério integrado pelos delegados representantes dos governos, das entidades de empregados e de empregadores de cada país-membro"[103] e c) a Repartição Internacional do Trabalho, que é dirigida pelo Diretor-Geral, sendo que este é nomeado pelo Conselho da Administração, é verdadeiramente a secretaria permanente da OIT, bem como centro de catalogação ou documental. Cabe ao presente órgão a publicação das Convenções e Recomendações, da Revista Internacional do Trabalho e da Série Legislativa, exposição das normas laborais dos países-membros, além da publicidade acerca das atividades da OIT.

---

[102] BELTRAN, Ari Possidonio. *Os Impactos da Integração Econômica no Direito do Trabalho: Globalização e Direitos Sociais*. São Paulo: LTr, 1998, p. 123.

[103] NASCIMENTO, Amauri Mascaro. *Curso de Direito do Trabalho: História e Teoria Geral do Direito do Trabalho: Relações Individuais e Coletivas de Trabalho*. 16. ed. São Paulo: Saraiva, 1999, p. 83.

Os regramentos instituídos pela OIT são de três ordens: as Convenções, as Recomendações e as Resoluções.

As Convenções se consubstanciam em ajustes internacionais aprovados pela Conferência Geral, devendo ser ratificados pelos diversos Estados-Membros.

As Recomendações, segundo previsão expressa do art. 19, § 1°, dos atos constitutivos da OIT, são editadas somente "quando o tema, ou um dos seus aspectos, não seja considerado conveniente ou apropriado para ser, no momento, objeto de uma convenção".

As Resoluções são documentos de cunho organizacional. Não são tratados e, por conseguinte, não estão sujeitos à ratificação. Destinam-se a documentar as interações da OIT com os Estados e com outros organismos internacionais, bem como as interligações internas de seus órgãos.

Cumpre destacar que existem similitudes e diferenças entre as recomendações e convenções.

A principal diferença entre os dois instrumentos de produção legislativa da OIT é o maior ou menor grau de vinculação existente do Estado-Partícipe. A Convenção é uma disposição que está apta a – imediatamente e com a simples ratificação dos Governos Locais – ser incorporado ao ordenamento positivado interno, produzindo suas conseqüências jurídicas. Já a Recomendação toma ares de norma de índole programática, cujas diretrizes não poderiam ser olvidadas pelos Estados-Membros, sem que isto tenha o condão de impor uma produção legiferante imediata versando sobre a matéria enfocada no dispositivo internacional.

O ponto convergente entre a Convenção e a Resolução diz respeito à legitimidade de suas aprovações. Ambas são discutidas, votadas e aprovadas perante o mesmo colegiado, a saber: a Conferência Geral.

As simetrias e assimetrias entre a convenção e a resolução são confirmadas pelas palavras de Antônio Cordeiro, senão vejamos:

> As convenções são acordos internacionais aprovados pela Conferência Geral e que devem ser ratificados pelos diversos Estados-Membros, enquanto as recomendações são aprovadas também pela Conferência, mas que não operam diretamente como fontes: apenas adstringem os Estados a adotar medidas tendentes a certos resultados.[104]

A importância mais destacada das emanações legiferantes da OIT, independentemente de que tipo de ordenamento seja (recomendação ou convenção), tem sido a influência mediata ou imediata geradas sobre os ordenamentos jurídicos internos, mormente no sentido de preservação dos direitos dos trabalhadores, como sendo de índole fundamental.

---

[104] CORDEIRO, Antônio Menezes. *Manual de Direito do Trabalho*. Coimbra: Almedina, 1994, p. 186.

Neste tirocínio, forçoso destacar a difusão mundial, por parte da OIT, do primado da busca pelo pleno emprego, bem como da criação do selo social. A Carta Magna Brasileira de 1988 elevou a busca do pleno emprego à órbita de princípio da ordem econômica e financeira, consoante se pode inferir da leitura do art. 170, inciso VIII do citado Digesto Legal.

4.3.1. A criação do Selo Social

No que se reporta ao Selo Social (cláusula social), vale frisar que ele se apresenta como uma resposta ao *dumping* social, que seria uma forma de redução dos custos finais dos produtos, pretensão característica dos empregadores e dos Estados que buscam aumentar sua competitividade no mercado externo, em virtude das acentuadas quedas dos níveis salariais e das demais condições sociais.

Ainda quanto ao Selo Social, merece destaque que a proposta de sua instituição foi difundida mundialmente por Michel Hansene, Diretor Geral da OIT, sendo inevitável a comparação da certificação ora debatida com o *label*. Este é um sinal que é colocado pelas empresas, com o aprovo sindical, para designar que os trabalhadores que foram utilizados para realizar o produto comercializado tiverem observado, por parte do empregador, todas as condições coletivas pactuadas.

Para Guilhermo Cabanellas *"label* é o selo ou marca que os sindicatos autorizam os fabricantes colocar nas mercadorias elaboradas em oficinas em que se pagam os salários e se cumprem as condições contratadas com as associações profissionais".[105]

Inquestionável a existência de traços semelhantes entre o selo social, hodiernamente debatido, e o *label*.

Luiz Carlos Robortella enfocado a questão do risco do *dumping* social, asseverou que ele poderia se apresentar das seguintes formas:

a) traslado de empresas de um Estado para outro, à procura de menores custos de mão-de-obra ou de vantagens tributárias; b) estratégia deliberada de um ou mais participantes de fixação de salários baixos, para atrair empresas de outros Estados; c) traslado de trabalhadores para o Estado que oferecer maior proteção e melhores salários, agravando a situação econômica e social em razão do desequilíbrio daí advindo.[106]

---

[105] CABANELLAS, Guilhermo. *Derecho Sindical y Corporativo*. Buenos Aires: Biblioteca Argentina, 1959, p. 543-544.

[106] ROBORTELLA, Luiz Carlos Amorim. As relações trabalhistas no Mercosul. *Revista LTr*, São Paulo: LTr, v. 57-11, p. 1313-1315, 1993.

Contudo, a adoção do selo social não é pacífica, ao contrário, ele tem suscitado muitas divergências entre os países desenvolvidos e os emergentes.

Os desenvolvidos, após terem explorado durante anos a fio a sua mão-de-obra interna, agora vêm defendendo a tese de se importar produtos daqueles Estados que tenham a aludida certificação, que nada mais seria do que um rótulo inserido nas embalagens dos produtos exportados, dando conta de que eles teriam sido fabricados com a observância dos direitos internacionais do trabalho. Haveria, segundo os defensores da implantação da certificação, uma conscientização do mercado consumidor para que houvesse a aquisição apenas dos produtos que contivessem o selo social.

Os emergentes, por seu turno, entendem que o símbolo distintivo em epígrafe não serviria apenas para condicionar o fechamento de acordos comerciais à observância dos direitos trabalhistas fundamentais, sendo estes entendidos como a liberdade de organização sindical (incluindo a negociação coletiva de trabalho); o repúdio ao trabalho infantil; o tratamento isonômico entre os obreiros e a vedação aos trabalhos forçados, mas sim, como verdadeira forma escamoteada de protecionismo mercantil.

Outra repulsa veemente dos países em desenvolvimento diz respeito ao interesse dos países desenvolvidos em transformar a Organização Mundial de Comércio (OMC) no fórum de debates sobre a etiqueta social. Aqueles países entendem que a Organização Internacional do Trabalho seria o órgão apropriado para o debruçamento meritório desta questão de índole social.

Palavras que robustecem as alegações acima são as de Ari Beltran, senão vejamos:

> O estudo de problemas grandemente ventilados na atualidade, tais como a possibilidade do "dumping social", bem como as questões paralelas, como a chamada "cláusula social", tem provocado abertas divergências de colocações entre países desenvolvidos e emergentes. Muito embora existam, de fato, alguns posicionamentos éticos quanto ao desejo de melhoria das condições de trabalho nas propostas da "cláusula social" ou do "selo social", suspeitam os países em desenvolvimento que a vinculação entre contratos comerciais e tais questões implica forma disfarçada de protecionismo. Não concordam que a matéria seja tratada no âmbito de organismos como a OMC, entendendo que o único foro competente para o assunto seria o da Organização Internacional do Trabalho.[107]

Em decorrência desta aporia, não houve – até o fechamento deste ensaio – aprovação internacional para a criação do selo social. Ressalte-se, apenas a guisa informativa, que ocorreram várias recusas no que tange ao

---

[107] BELTRAN, Ari Possidonio. *Os Impactos da Integração Econômica no Direito do Trabalho: Globalização e Direitos Sociais*. São Paulo: LTr, 1998, p. 98.

implemento da certificação social. Dentre os revezes já enfrentados pela proposta, destacam-se a reunião da Organização de Cooperação de Desenvolvimento Econômico (OCDE, em outubro de 1996); a reunião de Cingapura da Organização Mundial de Comércio (OMC, em novembro de 1996); além da reunião de Belo Horizonte, em maio de 1997, a qual objetivava a implantação do selo social na Área de Livre Comércio das Américas (ALCA).

4.3.2. A Convenção nº 158 da OIT

Existe uma ligação inquebrantável entre a defesa do emprego e a proteção em face dos efeitos nocivos da automatização, especialmente no que se refere ao desemprego estrutural. A OIT, sabedora deste elo, editou, em 1982, na cidade de Genebra, quando da realização da 68ª Sessão da Conferência Internacional do Trabalho, a Convenção n° 158, tendo sido ela complementada pela Recomendação 166, que veda o despedimento imotivado ou sem justa causa do trabalhador.

Reitere-se que a Convenção não proíbe a dispensa do obreiro. Contudo, garante a impossibilidade de demissão imotivada.

O estudo da Convenção 158 da OIT será enfrentado, por questões metodológicas, em tópicos, quais sejam: a) a impossibilidade de despedimento imotivado do trabalhador como núcleo central da Convenção; b) a aplicação convencional nos ordenamentos jurídicos internos; c) os motivos fundantes e os não fundantes para a dispensa do empregado; d) a imprescindibilidade de procedimento interno (âmbito da empresa) para o afastamento do colaborador; e) a necessidade de pré-aviso para o rompimento da ligação de emprego; f) existência de indenização compensatória pela quebra da contratualidade trabalhista, assim como o vislumbramento do auxílio desemprego, de cunho previdenciário; g) notificação à autoridade competente.

a) Impossibilidade de despedimento imotivado do trabalhador como núcleo central da Convenção

Pode-se asseverar, sem embargo, que o ponto nevrálgico da Convenção 158 da OIT diz correlação com a impossibilidade de demissão do trabalhador, sem que tal fato esteja ligado à capacidade do empregado, seu comportamento, ou por necessidades ou carências de funcionamento do empregador. Esta é a inteligência do art. 4° da Convenção em análise.[108]

---

[108] Convenção 158 da OIT – Art. 4°. Não se dará término à relação de trabalho de um trabalhador a menos que exista para isso uma causa justificada relacionada com sua capacidade ou seu comportamento ou baseada nas necessidades de funcionamento da empresa, estabelecimento ou serviço.

Fica plasmada a idéia de se pretender conferir ao trabalhador um mínimo de constância e continuidade da relação de emprego, mormente porque se ele realizasse os seus afazeres a contento e mantivesse um comportamento dentro dos paradigmas aceitos no cotidiano laboral, dificilmente haveria o rompimento da relação empregatícia.

A *voluntas legis* do Tratado em questão é o de conceder certeza e segurança jurídicas para o laborista, mormente no sentido de que o seu contrato não haveria de ser rescindido sem motivo justificado.

b) A aplicação convencional nos ordenamentos jurídicos internos

Sabe-se que com a evolução do Direito internacional Público verificou-se a coexistência de mandamentos legais internos e disposições multilaterais.

Quando existe harmonia entre o que é defendido no subsistema normativo interno e os preceitos convencionais, a questão da aplicação destes torna-se de fácil deslinde. É conhecimento corrente que a incorporação dos tratados internacionais à ordem jurídica interna requer uma conjugação de vontades, a do Presidente da República, eis que o inciso VIII do art. 84 da Carta Magna estabelece ser de sua competência privativa a celebração de tratados, convenções e atos internacionais, assim como a do Congresso Nacional, porquanto o mesmo dispositivo supralegal suscitado acima prevê que os atos monocráticos do Chefe do Poder Executivo Federal haverão de passar pelo crivo do Congresso Nacional, por meio de referendo. Sim, o inciso I do art. 49 da Norma Ápice, assegura que as resoluções finais sobre tratados e congêneres, mormente aqueles que acarretem encargos ou compromissos ao patrimônio nacional, é de competência exclusiva do Poder Legislativo Federal.[109]

Assim sendo, tradicionalmente, a entrada em vigor de um tratado no Brasil observa à seguinte seqüência: assinatura da norma internacional por meio do Presidente da República ou de seu representante, eis que é permitida a delegação de atribuições; aprovação pelo Congresso Nacional, via decreto legislativo; ratificação junto ao Estado ou organismo internacional respectivo; promulgação, mediante decreto do Poder Executivo, com a respectiva publicação na imprensa oficial. Em síntese, havendo a obser-

---

[109] O que comprova a alegação encartada neste escrito é o despacho proferido pelo Ministro Celso de Mello, na ADIn 1.480, publicado no DJU de 02.08.1996, p. 25792., *verbis*: "O exame da Carta Política promulgada em 1988 permite constatar que a execução dos tratados internacionais e a sua incorporação à ordem jurídica interna decorrem, no sistema adotado pelo Brasil, de um ato subjetivamente complexo, resultante da conjugação de duas vontades homogêneas: a do Congresso Nacional, que resolve, definitivamente, mediante decreto legislativo, sobre tratados, acordos ou atos internacionais (CF, art. 49, I), e a do Presidente da República, que, além de poder celebrar esses atos de direito internacional (CF, art. 84, VIII), também dispõe – enquanto Chefe de Estado que é – da competência para promulgá-los mediante decreto".

Direito Constitucional do Trabalho
ASPECTOS CONTROVERSOS DA AUTOMATIZAÇÃO

vância destes trâmites, dá-se a incorporação, por parte do ordenamento jurídico tupiniquim, dos comandos provenientes de atos internacionais do qual o Brasil seja signatário.

Como dito acima, inexistindo qualquer descompasso entre a ordem jurídica interna e as disposições internacionais, a matéria da vigência do Tratado é mansa e pacífica.

O problema fica adstrito aos casos em que há uma antinomia entre o que preconiza o sistema normativo local e a disposição supranacional. Existe uma certa dicotomia Um dos casos que exemplifica esta dificuldade é a aplicação ou não do Tratado de San José da Costa Rica, que foi subscrito pelo Brasil e que veda a prisão do depositário infiel. Relembre-se que o art. 5°, inciso LXVII, da Lei Maior vigente estabelece a possibilidade da prisão civil por dívida do depositário infiel. Neste caso há inconteste conflito entre o tratado e a Constituição Nacional. Diante destas circunstâncias resta indagar qual seria a norma aplicável, se a norma constitucional interna ou se o regramento internacional. O Supremo Tribunal Federal já enfrentou a questão, tendo pugnado pela aplicabilidade do mandamento constitucional. Quem retrata o fato é o professor Luís Barroso, ao narrar que:

> O Supremo Tribunal Federal firmou o entendimento de que, em face da Carta Magna de 1988, persiste a constitucionalidade da prisão civil do depositário infiel em se tratando de alienação fiduciária, bem como o Pacto de San José de Costa Rica, além de não poder contrapor-se à permissão do art. 5°, LXVII, da mesma Constituição, não derrogou, por ser norma infraconstitucional geral, as normas infraconstitucionais especiais sobre prisão civil do depositário infiel (STF, DJU 12.09.97, p. 43715, HC 75.306-0-RJ)[110]

Do exposto, fica claro que o STF enquadrou o tratado internacional como sendo comando normativo infraconstitucional genérico. O Excelso Pretório valeu-se, para proferir a decisão referida, de ensinamentos tradicionais ou clássicos no sentido de que o princípio da supremacia da norma constitucional não admite a prevalência de atos legislativos internacionais do qual o Brasil seja signatário. Esta linha de pensar pode ser sintetizada com os ensinamentos do saudoso Pontes Miranda, segundo o qual:

> Os tratados e mais atos interestatais estão para a Constituição na mesma relação em que para ela estão as leis. Às vezes violam textos constitucionais, quer por feitura, que por seu conteúdo. Dentro da ordem jurídica do Estado, é evidente que não valem, se assim o estatui a Constituição.[111]

---

[110] BARROSO, Luís Roberto. *Constituição da República Federativa do Brasil Anotada*. São Paulo: Saraiva, 1998, p. 49.

[111] MIRANDA, Pontes de. *Comentários à Constituição de 1967*. Vol. V. 2. ed. São Paulo: Revista dos Tribunais, 1971, p. 299.

Existe corrente doutrinária que reluta em ceder ao imperativo julgamento do STF, asseverando que os tratados teriam quilate constitucional, tudo em atenção ao enunciado do § 2° do art. 5° da própria Lei Fundamental vigente. É nesta bipolaridade que se deve apreciar a questão da aplicação da Convenção 158 dentro do ordenamento jurídico brasileiro.

c) Os motivos fundantes e os não-fundantes para a dispensa do empregado

O art. 4° da Convenção em apreço afirma que o empregado pode ser dispensado quando não tiver aptidão necessária ao exercício da função ou do serviço que lhe foi atribuído, ou quando prestar seus serviços de forma deficiente ou negligente; quando o seu comportamento não for condizente com o recinto de trabalho e quando o ato demissional for necessário para que se propicie a continuação do funcionamento da empresa, estabelecimento ou serviço.

Por via reflexa, tem-se que qualquer outra hipótese de rompimento do liame empregatício não seria acatada, isto para os países que incorporaram ou incorporem as ordenações convencionais em exame. O art. 5° da Convenção, textualiza que não se pode demitir o empregado pelo só fato dele ter se filiado a um grêmio sindical; pelo fato de ser candidato a cargo de representante dos trabalhadores; não aceita discriminações de quaisquer espécies (raça, cor, sexo, estado civil, motivos religiosos, convicções filosóficas e políticas, dentre outras). Por fim, confere à gestante estabilidade provisória no período gestacional.

Registre-se que, quanto ao ônus da prova da dispensa por justo motivo, caberá ao empregador provar que a dispensa foi por culpa do empregado. Em casos de término da relação de emprego em decorrência do funcionamento da empresa, questões financeiras ou econômicas, a matéria será submetida à análise pericial e o *expert* irá dar um laudo sobre a necessidade ou não do afastamento do obreiro. Estes são os requisitos estabelecidos nos itens 9.2 e 9.3 da supracitada norma internacional.

d) A imprescindibilidade de procedimento interno (âmbito da empresa) para o afastamento do colaborador

É dever da empresa avisar o empregado o fato gerador de seu afastamento. Está é a regra inserta no art. 7° da Convenção em debate. Com o comunicado, é dado ao empregado a possibilidade de defesa no âmbito da própria empresa, caso não prefira faze-lo por meio judicial.

Para dar efetividade a esta recomendação seria imperioso que as empresas tivessem um órgão colegiado nas fábricas, como forma de verificar as causas de dispensa do trabalhador e a sua contra-argumentação.

Direito Constitucional do Trabalho

Haveria, pois, a possibilidade de insubordinação contra a terminação indevida do contrato de mourejo, quer na esfera administrativa, quer na órbita do Poder Judiciário, tudo em atenção ao primado da inafastabilidade do controle jurisdicional.

e) A necessidade de pré-aviso para o rompimento da ligação de emprego

Quando houver o rompimento da relação empregatícia, por interesse do empregador e sem que o empregado tenha dado causa, seria obrigatória a concessão de aviso prévio, tendo este o desiderato maior de permitir ao trabalhador a busca pela recolocação no mercado de trabalho.

Isto é o que preconiza o art. 11 da Convenção ora discutida. Tal indicador legal não é inédito no ordenamento jurídico brasileiro, porque a Constituição Federal de 1.988 já prevê, em seu art. 7º, inciso XXI a concessão de prazo de, pelo menos, trinta dias para o desate da contratualidade trabalhista. Igual disposição está consagrada nos artigos 487 a 491 da CLT.

f) Existência de indenização compensatória pela quebra da contratualidade trabalhista, assim como o vislumbramento do auxílio desemprego, de cunho previdenciário.

Os trabalhadores cujos contratos por tempo indeterminado forem rompidos pelo empregador em circunstâncias alheias as de demissão motivada e já previstas na Convenção, fazem jus à perceber indenização compensatória ou uma compensação análoga. Dita reparação será mensurada, dentre outros fatores, em função do tempo de serviço e do salário percebido pelo obreiro. O *quantum* apurado haveria de ser pago pelo próprio empregador ou por um fundo constituído por intermédio de cotizações da classe econômica.

Nas hipóteses de afastamento do trabalhador pela caracterização de falta grave ou quando findo o prazo pactuado para o contrato de trabalho por tempo determinado, não há que se falar em percepção de qualquer indenização.

Os trabalhadores que fossem imotivadamente afastados do mercado de trabalho haveriam de receber seguro desemprego, que possui índole previdenciária. Tudo o que se alega acima é extraído do art. 12 da Convenção em tela.

g) Notificação à autoridade competente

O empregador, atendendo complementação legal de cada país que subscrever a Convenção nº 158 da OIT, tem o dever de notificar às autoridades competentes a sua previsão de término de contratos de trabalho em decorrência de fatores econômicos, tecnológicos, estruturais e análogos.

Recomenda-se que o poder público seja comunicado por meio de uma exposição escrita da razão dos rompimentos contratuais, o número de afastamentos, as categorias dos trabalhadores que poderiam ser afetados com a medida e o período durante o qual o afastamento se fará necessário.

A referida autoridade terá, a partir da ciência desta estimativa dada pelo empregador, o poder-dever de fiscalizar as justificativas da empresa, para analisar a sua fidedignidade e a correção do ato demissional.

Feitos estes considerandos genéricos e universais sobre a convenção telada, é de bom tom registrar que, no que diz correlação ao tópico central deste escrito – a preservação do mercado de trabalho humano, mesmo em época de desemprego estrutural derivado da automatização – o Brasil adotou, por efêmero lapso temporal, as idéias inseridas na Convenção 158 da OIT.

Para levar o leitor a uma análise mais aprofundada da matéria em comento, trataremos, no tópico seguinte, da forma de incorporação da produção legislativa internacional, ao subsistema normativo interno, bem como da denúncia do trabalho.

4.4. A breve vigência da Convenção nº 158 no Brasil e a forma de sua denúncia

A República Federativa do Brasil subscreveu a já mencionada Convenção nº 158 da OIT, que é norma internacional, repita-se, de invulgar importância para a contenção do crescente índice de desocupação de pessoas que integram a população economicamente ativa.

Muito embora a Convenção em destaque tenha sido aprovada pela 68ª Reunião da Conferência Internacional do Trabalho, que ocorreu nos idos tempos de 1982, precisamente na cidade suíça de Genebra, ela só entrou em vigor no plano internacional em 23.11.1985.

No que tange ao plano interno, convém salientar que a Convenção telada principiou a sua vigência, no ordenamento jurídico tupiniquim, por meio do registro do instrumento de ratificação perante a Repartição Internacional do Trabalho (RIT) da Organização Internacional do Trabalho (OIT). Tal fato deu-se em 05.01.1995, momento em que o então Chefe do Executivo Federal, Presidente Itamar Franco, entregou o documento de chancela.

É cediço que a convenção entra em vigor, para cada país, após decorridos 12 (doze) meses da data em que tiver sido registrada sua ratificação. Assim sendo, tem-se que a Convenção nº 158 tornou-se de obrigatória observância no Brasil desde o dia 05.01.1996. Sim, desde esta data a

República Federativa do Brasil assumiu o dever de respeitar os ditames inseridos na norma internacional. Até esta data tratava-se de norma válida, mas que ainda carecia de força eficacial.

Entrementes, a eficácia reclamada acima ocorreu apenas com a superveniência da publicação do Decreto que promulgou a Convenção, que foi o de n° 1.855, de 10 de abril de 1996.

Após toda esta maratona normativa para que houvesse a vigência da Convenção n° 158 no Brasil, ocorreu grande pressão por parte dos empregadores no sentido de que se efetivasse a denúncia, vez que eles entendiam que a estabilidade empregatícia conferida pelo dispositivo multilateral lhes impossibilitaria de competir, com igualdade de condições, com concorrentes de países que não subscreviam dito diploma legal internacional. Este *lobby* culminou com a denúncia da convenção, fato este havido já no dia 20 de novembro de 1996, por meio do Decreto n° 2.100. Assim sendo, que a República Federativa do Brasil ficou desobrigado do cumprimento das normas convencionais 12 (doze) meses após a data em que retirara a sua subscrição do comando normativo em epígrafe.

Uma vez ultrapassada a abordagem histórica, permite-se tecer breves considerandos acerca da regularidade ou não da denúncia suso mencionada.

Neste diapasão existem dois aspectos que colocam em dúvida a correção procedimental do distrato internacional, a saber: não se teria respeitado o prazo de 10 (dez) anos previstos no § 1° do art. 17[112] da norma em apreço; o Poder Executivo não recebeu o referendo do Poder Legislativo para realizar a denúncia.

Quanto ao primeiro item tem-se que assiste razão ao governo brasileiro. O prazo decenal a que faz alusão o § 1° do art. 17 da Convenção 158 há de ser contabilizado a partir da data em que a norma entrou em vigor no plano internacional. Lembre-se que tal fato deu-se em 23.11.1985. Logo, a denúncia pátria, que ocorreu em 20 de novembro de 1996, respeitou a tese adotada pela própria OIT, de que o marco temporal inicial é o do início da vigência objetiva da Convenção no plano internacional. Por esta razão tem-se que ela é tempestiva.

O segundo item levantado pela doutrina pátria diz correlação com a carência da oitiva do Congresso Nacional, por meio de referendo, para a

---

[112] Convenção 158:

Art. 17 – *Omissis*

§ 1° – Todo Membro que tiver ratificado a presente convenção poderá denunciá-la no fim de um período de dez anos, a partir da entrada em vigor inicial, mediante um ato ou comunicado, para ser registrado, ao Diretor-Geral da Repartição Internacional do Trabalho. A denúncia tornar-se-á efetiva somente um ano após a data do registro.

efetivação da denúncia. Os defensores da regularidade da denúncia asseveram que esta era prerrogativa do Presidente da República, consoante preconiza o art. 84, inciso VIII da Norma Cume vigente. Os adeptos da corrente oposta afirmam que houve uma supressão das atribuições do Congresso Nacional, que tem – por expressa disposição do art. 49, inciso I, da mesma Carta Constitucional, a competência exclusiva para resolver definitivamente sobre tratados, acordos ou atos internacionais que acarretem encargos ou compromissos gravosos ao patrimônio nacional.

É certo que o referendo é ato posterior. Assim sendo, poder-se-ia afirmar que a carência consultiva ao Congresso Nacional poderia ser sanada a qualquer momento. Alguns chegam a afirmar que como se trata de ato de mera confirmação seria desnecessário.[113] Não se pode acatar esta linha de pensamento, porquanto se estaria desconsiderando a regra de que a lei não encerra palavras inúteis.

O desprestígio ao Poder Legislativo não parece ser o espírito da Lei Maior. Este estudo engrossa as fileiras dos que defendem a inconstitucionalidade da forma da denúncia. Escuda-se o pensar presente nas sábias ponderações do professor Arnaldo Süssekind, quando este diz que:

> O poder competente (Congresso Nacional) para aprovar a convenção, cujas disposições, com essa aprovação e conseqüente ratificação (ato jurídico complexo), se convertem em normas legais, é igualmente competente para aprovar ou referendar a denúncia por iniciativa do Poder Executivo.[114]

Não se pode perder de vista que não existe antinomia entre o disposto no art. 84, inciso VIII, e o art. 49, inciso I, da Norma Ápice, posto que são comandos constitucionais que convergem no sentido de que haverá de existir uma comunhão de intenções entre o Poder Executivo, que tem o mister de pactuar internacionalmente e o Poder Legislativo que chancela o pacto firmado. Proceder diversamente do exposto acima é olvidar a regra do art. 2º da Carta Política Federal, que pugna pela harmonia e independência entre os três poderes. Esta participação conjunta do Congresso Nacional com a chefia do Poder Executivo já foi alvo de expressa abordagem do Supremo Tribunal Federal, senão vejamos:

> O exame da Carta Política promulgada em 1988 permite constatar que a execução dos tratados internacionais e a sua incorporação à ordem jurídica interna decorrem, no sistema adotado pelo Brasil, de um ato subjetivamente complexo, resultante da conjugação de duas vontades homogêneas: a do Congresso Nacional, que resolve, definitivamente, mediante decreto legislativo, sobre tratados, acordos ou atos inter-

---

[113] HADDAD, José Eduardo. *Aspectos Controvertidos de Direito Constitucional do Trabalho*. São Paulo: LTr, p. 85.

[114] SÜSSEKIND, Arnaldo Lopes, em parecer publicado no *Suplemento LTr*. São Paulo: LTr, 1997, ano 33, nº 061/97, p. 301.

nacionais (CF, art. 49, I), e a do Presidente da República, que, além de poder celebrar esses atos de direito internacional (CF, art. 84, VIII), também dispõe – enquanto chefe de Estado que é – da competência para promulgá-los mediante decreto. (STF, DJU 2.8.1996, p. 25792, ADIn 1.480, despacho do presidente em exercício, Min. Celso de Mello).

Não há mais o que tergiversar. A denúncia deveria ter sido firmada com a consulta ao Congresso Nacional. Esta inobservância macula a forma rescisória firmada pelo Governo Brasileiro.

Somam-se a estes argumentos o fato de que a denúncia em análise não foi precedida de qualquer consulta às entidades representativas de empregados e empregadores, fato que vulnera a Convenção 144 da OIT, que foi subscrita pelo Brasil, incorporando-se ao nosso ordenamento jurídico e estando em pleno vigor e que exige a ouvida para validar o afastamento da norma internacional.

O estudo histórico da convenção nº 158 da OIT, bem como sua vigência no ordenamento jurídico brasileiro e a forma de sua denúncia se mostram importantes para esta dissertação, porque esta se mostrou como a norma internacional mais voltada para a contenção do desemprego, mormente o que é desencadeado pelo incremento da técnica, fato usual em tempos neoliberais e de globalização da economia.

4.5. Conclusões do capítulo

Ao fechar a exposição teórica deste capítulo, se têm por firmadas as conclusões que se seguem:

1) Com o aprimoramento dos processos de integração regional, há um enriquecimento para o campo do Direito Internacional. Seguindo este caminho o Direito Internacional do Trabalho retoma fôlego e se volta para a harmonização de normas trabalhistas e proteção do mercado de trabalho humano.

2) A Organização de Cooperação e Desenvolvimento Econômico (OCDE) estuda, de modo preocupado, o crescimento dos níveis de desemprego, mesmo em países desenvolvidos. A referida instituição internacional possui, entre os seus fundamentos básicos, a busca pelo crescimento econômico dos seus membros, assim luta por condições de vida e, conseqüentemente, de trabalho para os habitantes destes países.

3) A Organização Internacional do Trabalho (OIT) tem desenvolvido estudos aprofundados para mitigação do desemprego mundial e para diversificar, internacionalmente, políticas de fomento ao emprego, mesmo em momentos de desemprego estrutural.

4) A Convenção nº 158 da OIT pode ser considerada como um divisor de águas quanto aos dispositivos intergovernamentais de salvaguarda do mercado de trabalho humano, criando diversos óbices para o rompimento imotivado da relação empregatícia.

5) A criação do selo social, como sendo uma forma de certificar os países que respeitam os direitos dos trabalhadores, é visto com ceticismo e desconfiança pelos representantes dos países em desenvolvimento. Eles entendem que a real intenção dos países mais ricos é criar uma forma escamoteada de protecionismo comercial.

6) O Brasil foi signatário, por estreito lapso temporal, da Convenção nº 158 da OIT. A denúncia da norma internacional deu-se por forte pressão da classe empresarial. Outrossim, a forma da denúncia é de duvidosa regularidade, eis que o Congresso Nacional não foi instado a referendar o pensamento do Chefe do Poder Executivo, o que fere – em princípio – o disposto no art. 49, inciso I, da atual Carta Constitucional do Brasil.

Direito Constitucional do Trabalho
ASPECTOS CONTROVERSOS DA AUTOMATIZAÇÃO

5. Iniciativas brasileiras para a mitigação do desemprego derivado do incremento da técnica

5.1. Políticas de fomento ao emprego em tempos de desemprego estrutural

Registre-se, em primeiro lugar, que existem variados fatores que concorrem para o desemprego. Diante de tal assertiva, forçoso afirmar que o desemprego pode ser vislumbrado de diversas formas, na exata medida das suas causas de justificação, a saber: o conjuntural, o estrutural, o cíclico e o voluntário.

O desemprego conjuntural, também denominado de keynesiano, é aquele em que se verifica a influência dos aspectos da conjuntura econômica na perda do emprego por parte de um empregado. Com efeito, se vislumbra o desemprego conjuntural quando um ou múltiplos fatores da seara econômica forem levados em conta para a demissão de determinado trabalhador.

Para Paulo Moura, existem fatores que usualmente desencadeiam o desemprego conjuntural, sendo principais os seguintes:

> a) o empregado não tem ou perde as competências exigidas pela empresa; b) a conjuntura econômica é de crise, o que provoca a redução na produção e na demanda, com conseqüente redução do quadro de funcionários; c) alguns trabalhadores simplesmente optam por não-trabalhar, preferindo viver de outros recursos, inclusive, do seguro-desemprego.[115]

Já a falta de ocupação estrutural difere do desemprego conjuntural, posto que naquela espécie de carência ocupacional verifica-se o fechamento definitivo ou, no mínimo, por prazo duradouro, o posto de serviço.

---

[115] MOURA, Paulo C. *A crise do emprego: uma visão além da economia.* 3. ed. Rio de Janeiro: Mauad, 1998, p. 94.

É inegável que o desemprego estrutural decorre da globalização da economia e da crescente necessidade de diminuição de custos. Para a mitigação dos gastos existe um natural aumento da técnica de produção, o que tem desencadeado a substituição da mão-de-obra humana por equipamentos cada vez mais modernos.

Para Enoque Santos existe uma equação diretamente proporcional entre o crescimento da técnica e o desemprego estrutural. Confirmando o que se alega, permite-se transcrever o pensamento sustentado pelo autor em epígrafe quando da sua defesa de tese de doutoramento, senão vejamos:

> A tecnologia informacional e a nova organização do trabalho, sob a forma de capital-intensivo e de estrutura enxuta, inerentes em um processo de globalização, são causas do desemprego estrutural. A introdução de dispositivos informatizados, robôs, microprocessadores, etc. eliminam postos de trabalho, da mesma forma que a reengenharia, o enxugamento, a reestruturação organizacional. O fato é que seja por via da automação eletrônica, seja por via da remodelagem do layout organizativo da empresa – os empregos somem aos milhares, enquanto aumenta a carga de trabalho sobre aqueles que continuam empregados.[116]

Do que foi exposto fica patente a dificuldade de se conter o desemprego estrutural, eis que ele é decorrência de um processo inevitável, que é o da globalização da economia. Contudo, mesmo sabedores da agrura da missão, diversas são as medidas que estão sendo tomadas para a salvaguarda do mercado de trabalho humano, consoante se irá apreciar no desenrolar deste capítulo.

No que toca a desocupação cíclica convém registrar que ela é presente em todos os setores, o primário, o secundário e o terciário.

No campo (setor primário), verifica-se que muitas contratações ocorrem por tempo determinado, geralmente de molde a coincidir com o período da safra. É a contratação dos chamados "safristas". Com o término da colheita existe uma queda do oferecimento dos postos de serviço aos rurícolas.

Na indústria (setor secundário) verifica-se a contratação de mão-de-obra adicional em períodos de maior necessidade produtiva. Sim, existem momentos econômicos, prioritariamente ditados pela lei da oferta e da procura, que desencadeiam picos de produção. Nestes surtos de consumo é premente a contratação de novos trabalhadores para fazer frente aos anseios transitórios do mercado. Uma vez desaquecido o mercado, existe uma tendência natural de perda dos empregos conquistados na época de excesso de produção.

---

[116] SANTOS, Enoque Ribeiro dos. *O Direito do Trabalho e o Desemprego*. São Paulo: LTr, 1999, p. 81.

Na prestação de serviços (setor terciário) também se visualiza a necessidade de contratação transitória de recursos humanos. Esta situação é presente em momentos de maior consumo, notadamente em circunstâncias festivas como o período natalino e congêneres, quando o setor de vendas consegue absorver – durante um prazo certo – generosa quantidade de trabalhadores. Com a passagem destas datas comemorativas, existe um reequilíbrio do mercado, com a conseguinte diminuição da procura por produtos e, via reflexa, uma queda do quantitativo de empregos.

Destarte, fica claro que o desemprego cíclico decorre da sazonalidade em que os setores produtivos podem ou não absorver a mão-de-obra disponível.

Por fim, existe também o desemprego voluntário, sendo o que deriva da vontade do trabalhador de romper a relação de emprego.

Em resposta a uma crescente onda de redução dos postos de serviços surge um sentimento de proteção do mercado de trabalho humano. Assim sendo, várias são as tentativas dos poderes públicos nacionais, assim como de instituições internacionais e de organizações não-governamentais no sentido de fomentar o emprego.

Diversos países, ao regulamentarem as relações trabalhistas, têm se voltado para a necessidade de manutenção dos postos de trabalho, até como fator que propicie a mantença do mercado consumidor. Com efeito, é de geral sabença que se houver uma descontinuidade do contrato de labor a tendência natural é uma redução do nível de consumo, o que irá gerar uma recessão econômica e, via de conseqüência, a diminuição ainda maior dos postos de serviço.

No Brasil, a Carta Constitucional de 1988 tenta desestimular o rompimento da relação de emprego ao afirmar que a despedida sem justa causa acarreta o dever de pagar multa de 50% (cinqüenta por cento) sobre o FGTS do trabalhador (art. 7º, inciso I, c/c o art. 10 do ADCT e c/c a Lei Complementar 110/2001).

Além de ser uma preocupação de todo Estado, o desemprego tem sido alvo de deliberações em diversos organismos internacionais. Como apreciado no capítulo anterior, a Organização Internacional do Trabalho (OIT) constitui-se no principal palco destas discussões, o que demonstra que a questão em epígrafe desperta interesse global.

Diversas instituições não-governamentais também têm lançado seu foco de atuação na preservação do mercado de trabalho humano. Dentre tais órgãos merecem destaque os Sindicatos e, no plano interno, de centros de capacitação de mão-de-obra (SESC, SESI, SENAC e congêneres).

Direito Constitucional do Trabalho
ASPECTOS CONTROVERSOS DA AUTOMATIZAÇÃO

Um dos principais pontos de convergência dos atores citados acima é o fato de que existe uma constatação de que deve haver uma política para fomentar o emprego, mesmo que tal fato seja decorrente da retirada da rigidez da norma trabalhista que, no caso brasileiro, não admite modificações no trato empregatício que venham a causar prejuízos ou diminuição de direitos para os laboristas (art. 468 da Consolidação das Leis do Trabalho).

Sérgio Martins, ao enfocar esta matéria, é categórico ao afirmar que "a flexibilização das regras trabalhistas é uma forma de continuidade do contrato de trabalho, além de ser uma possibilidade de criação de futuros empregos".[117]

Sendo assim, este escrito permite-se apreciar algumas tentativas nacionais para aquilatar o número de postos de serviço.

5.2. Contrato de trabalho a prazo definido

O Direito Laboral brasileiro não acatava, via geral, a contratualidade trabalhista por prazo certo, vez que se sabe a natureza de trato sucessivo encontrada na relação empregatícia. Esta regra decorria do princípio da continuidade do contrato de mourejo, cânone este que pode ser conceituado como sendo "a possibilidade de o pacto laboral perdurar no tempo, só podendo ser rescindido nas hipóteses previstas em lei ou por vontade das partes".[118]

Sim, existia uma timidez na admissão do contrato por prazo certo, fato que era permitido unicamente em situações específicas (§ 2º, do art. 443 c/c o § 2º do art. 475 ambos da Consolidação das Leis do Trabalho), sendo elas: os casos de serviços cuja natureza ou transitoriedade justificassem a predeterminação do prazo do contato de trabalho; a realização de atividades empresariais de caráter transitório; a realização de contrato de experiência por prazo não superior a 90 (noventa) dias e a contratação de trabalhador para substituição de outro que tivesse sido aposentado por invalidez, quando este último passar pelo processo de reversão e retomar as suas atividades usuais.

As exceções dispostas acima apenas servem para reforçar a idéia de que o contrato de trabalho por tempo indeterminado se constituía em verdadeira presunção jurídica *juris tantum*, consoante já tinha se manifes-

---

[117] MARTINS, Sérgio Pinto. *A continuidade do contrato de trabalho*. São Paulo: Atlas, 2000, p. 334.
[118] Idem. Ibidem. p. 134.

tado o Colendo Tribunal Superior do Trabalho com a edição do Enunciado de nº 212.[119]

Entretanto, partindo-se do ponto de vista de que a flexibilização dos direitos trabalhistas pode servir, quando utilizada de boa-fé, como fator para a manutenção dos atuais postos de trabalho e para a abertura de novas frentes de labor, o ordenamento jurídico tupiniquim alargou as hipóteses anteriormente previstas de contratação laboral por prazo certo.

Destarte, a Lei nº 9.601, de 21 de janeiro de 1998, estabeleceu que as negociações coletivas de trabalho poderiam instituir contratação por prazo certo, sem que se fizesse a limitação prevista no § 2º do art. 443 da CLT. A aludida norma foi regulamentada pelo Decreto nº 2.490, de 4 de fevereiro do mesmo ano. Com o advento dos comandos normativos supra-citados poderia e pode haver a contratação de empregados – por meio de contrato com lapso temporal prefixado – para quaisquer atividades da empresa, desde que tais admissões representem acréscimo no número de empregados. Esta é a inteligência do art. 1º da Lei instituidora do contrato de trabalho por prazo determinado.

Se de um lado houve a limitação da quantidade de empregados con-tratados sob o manto desta norma, consoante se pode inferir da só leitura do art. 3º do mencionado diploma legal, também se estabeleceu um limite temporal para a contratação por prazo certo. O prazo predeterminado para o contrato de mourejo não pode suplantar os 2 (dois) anos. Ressalte-se que este prazo é bem superior ao prazo de 90 (noventa) dias previsto na Lei 6.019/74 (que dispõe sobre contrato de trabalho temporário pactuado entre a empresa tomadora e a empresa prestadora de trabalho temporário), mas a grande inovação é a possibilidade conferida pela nova norma de várias prorrogações, ao invés de uma única prorrogação, desde que não extrapolem o biênio. Com efeito, não se aplica a conversão automática de contrato por tempo determinado para contrato indeterminado prevista no art. 451 da CLT acaso ocorra mais de uma prorrogação do contrato de prazo certo.

Caso as prorrogações ultrapassem o prazo de 2 (dois) anos, tem-se que o contrato de trabalho tornou-se por prazo indeterminado. No entender deste escrito, esta é a verdadeira voluntas legis. A vontade imediata do legislador é permitir que a empresa tenha uma prestação de serviços sem os encargos sociais usuais, o que propicia a rápida absorção de mão-de-obra. Neste período da contratualidade por prazo certo (até 2 anos), a empresa poderá aferir quais trabalhadores prestam bons serviços. A ten-

---

[119] Enunciado 212 do TST – O ônus de provar o término do contrato de trabalho, quando negadas a prestação de serviço e o despedimento, é do empregador, pois o princípio da continuidade da relação de emprego constitui presunção favorável ao empregado.

Direito Constitucional do Trabalho
ASPECTOS CONTROVERSOS DA AUTOMATIZAÇÃO

dência, com relação aos laboristas cujo trabalho agrade aos empregadores, é a contratação por prazo indefinido. Dessa forma, alcançada estará a vontade mediata do elaborador normativo, qual seja: a contratação com ares de continuidade.

Quanto à coexistência das duas normas mencionadas acima (Lei 6.019/74 e a Lei 9.601/98), deve-se registrar que não existe antinomia real entre elas e que ambas estão em vigor. Não há que se falar em vigência apenas da norma mais recente, porquanto as áreas de incidência das normas em cotejo são distintas. Enquanto a Lei 6.019/74 é específica para empresas de trabalho temporário, a Lei 9.601/98 não tem esta limitação. Assim sendo, em atenção ao princípio da especificidade da norma jurídica – critério utilizado para transpor antinomias meramente aparentes – tem-se que a norma geral é inaplicável aos casos de contratação de empresa de contrato temporário.

É certo que a maior ou menor incidência destas contratações por prazos específicos, decorrentes da Lei 9.601/98, deriva dos ajustes coletivos. Contudo, não se pode olvidar da necessária respeitabilidade dos limites fixados pelo ordenamento jurídico.

Neste diapasão, merece ser consignado que a novel norma reguladora da matéria estabeleceu um limite de trabalhadores contratados por prazo definido, fazendo-o especificamente em seu art. 3º. Dessa feita, tem-se que o poder discricionário das instituições colegiadas que negociam as convenções e os acordos coletivos de trabalho fica adstrito aos percentuais máximos já previstos na norma de regência, sob pena de tornar nula a contratação temporária que exceder tais índices, sendo certo que este contrato seria tido como de *sine die*.

A melhor doutrina nacional já se debruçou sobre a inovação legiferante em dissecação. Existe uma bipolaridade doutrinária. Certos autores enaltecem a tentativa de majoração dos postos de trabalho. Outros, por seu turno, teorizam que a norma é maléfica para os trabalhadores, posto que estes não teriam mais a segurança da prestação contínua dos seus serviços.

Kátia Arruda apresenta-se como uma das principais expoentes do pensar contrário a Lei 9.601/98, pautando o seu entendimento no princípio do tratamento simétrico que se deve dar aos trabalhadores. Afirma a autora que:

A convivência em uma mesma empresa de empregados contratados sem data para despedida e outros empregados contratados por prazo determinado pode vir a gerar discriminações, uma vez que os primeiros gozarão de todos os direitos trabalhistas reconhecidos no ordenamento jurídico pátrio e os segundos terão o tratamento discriminado na Lei nº 9.601/98, ou seja, perderão o aviso prévio, a multa indenizatória de 40% sobre o FGTS (que terá também o valor do depósito reduzido de 8% para

2%), criando uma subcategoria de empregados, que farão as mesmas atividades dos demais, sem igualdade de direitos.[120]

Em pólo doutrinário diametralmente oposto, colocam-se aqueles que afirmam que a rigidez do direito trabalhista brasileiro e o elevado custo social dos trabalhadores, ao invés de lhes ser benéfico, tem-lhes trazido conseqüências negativas. Assim sendo, entendem que a flexibilização dos direitos trabalhistas e a diminuição do chamado "custo Brasil" podem se constituir em mecanismos de implementação da ocupação humana. Neste sentido, é de bom alvitre citar os escólios de Nei Martins, quando ele comenta as virtudes da Lei 9.601/98, *litteris*:

> Por meio da redução dos encargos sociais e da diminuição dos próprios direitos atribuíveis ao obreiro, a lei em exame incentiva a contratação de novos empregados, buscando aplacar a angustiante situação de desemprego que grassa no seio da classe trabalhadora e que se apresenta como um dos mais graves problemas da atualidade brasileira.[121]

Cícero da Silva Franco trilha um caminho intermediário entre as duas correntes jurídicas explicitadas acima, pois, ao concluir seus comentários sobre os regramentos do contrato de trabalho a prazo definido no Brasil, tanto concedeu valia à iniciativa do governo, quanto teorizou que esta medida ainda é insuficiente para fomentar o emprego entre nós. O autor baiano assim se manifestou:

> Queremos crer como válida a preocupação demonstrada pelo governo em fomentar o emprego no País procurando retirar da ociosidade número expressivo de desempregados. Não obstante, entendemos que a forma esposada para atingir a finalidade não traduz a melhor técnica política tendente a suplantar a problemática do desemprego, como as experiências práticas recentes confirmaram, devendo, conseqüentemente, ser observada e buscada outras modalidades de política laboral com esta finalidade, que podem vir a ser mais eficazes e que estão sendo postas em prática e testadas por países europeus que passam por situação de desemprego análoga e até mais grave que a brasileira, tais quais, a rigorosa limitação de labor em horário extraordinário; o trabalho a tempo parcial; a jornada flexível; a diminuição de jornada de trabalho; dentre outras, que não sendo o toque mágico para solucionar definitivamente o problema do desemprego, não se tendo sequer resultados práticos, pois técnicas utilizadas ainda em processo experimental, apresentam-se como métodos mais científicos, menos contundentes para os trabalhadores, de assimilação aceitável pelos empregadores e com grande possibilidade de serem eficazes e eficientes para o enfrentamento da crise de caráter mundial.[122]

---

[120] ARRUDA, Kátia Magalhães. *Direito Constitucional do Trabalho: sua eficácia e o impacto do modelo neoliberal*. São Paulo: LTr, 1998, p. 94.

[121] MARTINS, Nei Frederico Cano. *Os atuais instrumentos da flexibilização do Direito do Trabalho*. In: Revista LTr ano 63, setembro. São Paulo: LTr, p. 1179/1180,1999.

[122] SILVA FRANCO. Cícero Virgulino da. *Contrato de Trabalho. Contrato a Prazo Definido e as Políticas de Fomento de Emprego: A Experiência Espanhola e a Legislação Brasileira: Lei nº 9.601/98, Decreto nº 2.490/98*. São Paulo: LTr, 2000, p. 93.

Direito Constitucional do Trabalho
ASPECTOS CONTROVERSOS DA AUTOMATIZAÇÃO

Reforçando o que foi dito anteriormente, o presente ensaio advoga a tese de que a instituição do contrato por prazo certo tem mais vantagens do que desvantagens. As desvantagens seriam decorrentes da precarização da relação empregatícia. Mas não se pode falar em direitos dos trabalhadores para os que estão sem nenhuma ocupação, e sim fora do mercado de trabalho. Não seriam sequer trabalhadores, mas desempregados. Partindo-se desta constatação, que é óbvia, entende-se que o primeiro passo é propiciado pela norma telada, qual seja: a absorção de pessoas que estão fora do mercado formal de trabalho. Depois de cumprida esta etapa primeira caberá a cada trabalhador prestar bons serviços, posto que existe uma tendência natural de que a contratualidade temporária torne-se por prazo indeterminado quanto aos bons mourejadores.

5.3. O banco de horas no Direito brasileiro

A jornada de trabalho no Brasil é disciplinada na Carta Constitucional de 1988, precipuamente no art. 7°, incisos XIII e XIV, c/c o art. 58 da Consolidação das Leis do Trabalho. Os dispositivos supralegais prevêem a jornada de trabalho tanto diária quanto semanal.

É cediço que a jornada diária usual de trabalho é de oito horas, quando existir intervalo para refeições ou de seis horas no caso de prestação ininterrupta, não se podendo esquecer que mesmo nesta derradeira hipótese é necessária a concessão de intervalo de 15 (quinze) minutos para breve descanso e/ou refeição, uma vez ultrapassada a quarta hora de trabalho. O labor que ultrapassar esses limites temporais diários dá azo ao pagamento de horas extras.

Quanto à jornada semanal de labor, tem-se que ela não poderá exceder as 44 (quarenta e quatro) horas, sob pena de ensejar o pagamento de adicional de sobrejornada.

Merece registro a existência de normas específicas de jornada de trabalho para profissões cujas particularidades exigem minoração da carga de trabalho, como – exemplificativamente – é o caso dos jornalistas (art. 303 da CLT), dos mecanografistas (art. 72 da CLT) e dos advogados (Lei 8.906/94), dentre outras categorias profissionais. Conveniente salientar que se permitiu apenas citar a existência de classes de trabalhadores cujo disciplinamento da jornada de trabalho foge a regra geral explicitada anteriormente, sem que se faça necessário comentário aprofundado sobre os motivos fundantes desta mitigação de prazos, posto que não se trata do núcleo central desta obra.

O pagamento de horas extraordinárias tinha e tem como fundamento basilar o fato de que o trabalhador estaria ultrapassando o seu limite somático. Uma vez transpondo a sua limitação física, a tendência é a impossibilidade de reaver as energias despendidas, o que fragilizaria a sanidade física e mental do obreiro. É certo que outros aspectos secundários se somam ao primeiro (biológico) no sentido de que se deve repudiar a jornada de trabalho excessiva, sendo eles: os fatores econômicos, morais e sociais.[123]

Quanto ao aspecto econômico, vale frisar que o trabalhador, quando submetido à excessiva carga de trabalho, tende a perder o seu poder de concentração e, via consecutiva, começa a diminuir a qualidade de seus préstimos. Tal fato causa prejuízos monetários incalculáveis para a classe empresarial. Outra abordagem econômica que se dá ao labor em sobrejornada é a tentativa de abertura de novos postos de serviço, núcleo central deste escrito. Tanto isso é fidedigno que em diversos países adotou-se, dentre outras medidas para o crescimento dos postos de serviço, a quase impossibilidade jurídica de prestação de labor adicional. Desta forma, ao invés de alguns trabalhadores realizarem trabalho em excesso, cria-se novo emprego.

No que toca aos fatores morais, sabe-se que a sociedade moderna valoriza o trabalho. Contudo, o trabalho é entendido como meio de vida e jamais como atalho para o óbito. Sim, trabalha-se para viver e não se vive para trabalhar. Este é um axioma social, verdadeira moral coletiva. Sendo assim, o trabalhador entende que a sua moral estaria sendo afrontada caso ele se constituísse em mera peça na engrenagem produtiva da empresa, deixando de lado os primados da dignidade da pessoa humana no ambiente de trabalho.

A questão social também é relevante, pois o homem é, em essência, um ser social. Assim sendo, deve destinar parcela de seu tempo para a manutenção do seu círculo de amizades e/ou para a conquista de novos amigos, bem como para a convivência com seus entes familiares. Uma vez que o trabalho tome todo o seu tempo, ele não terá contatos sociais, o que dificultará o seu relacionamento com as demais pessoas, aí incluindo os colegas de trabalho e os empregadores. Fica estreme de dúvidas, de plano, a necessidade de que os mourejadores tenham uma vida social ativa. Só assim poderão evitar o estado de individualismo extremo, o que não é compatível com o mercado de trabalho, eis que a maioria das atividades que absorvem mão-de-obra possui uma conotação de equipe.

---

[123] Utilizou-se o elenco de imposições proposto por Francisco Antônio de Oliveira, que fazem limitar a jornada de trabalho. OLIVEIRA, Francisco Antônio de. *Manual de Direito Individual e Coletivo do Trabalho: Doutrina, Jurisprudência, Direito Sumular e Direito Comparado.* 2. ed. São Paulo: Revista dos Tribunais, 2000, p. 317-318.

Em decorrência de toda esta gama de tópicos que rechaçam o trabalho em excesso, verificou-se – durante muito tempo – grande rigidez com relação à aplicação prática dos dispositivos de duração do trabalho. Porém, com o passar dos anos, constatou-se a necessidade de se flexibilizar a questão ora enfocada.

Comprovando este abrandamento da hermenêutica no concernente a matéria das horas adicionais, convém registrar que o Colendo Tribunal Superior do Trabalho editou o Enunciado nº 108,[124] possibilitando a compensação da jornada de trabalho, desde que tal fato ocorresse dentro da mesma semana.

Posteriormente à elaboração da orientação jurisprudencial acima, o Governo Federal editou a medida provisória de nº 1.709, de 6 de agosto de 1998, versando sobre esta matéria. A referida atuação legiferante atípica do Poder Executivo, prevista que é no art. 62 da Carta Constitucional vigente, estabelecia – em seu art. 8º – uma nova redação para o § 2º do art. 59 da CLT, afirmando que a hora-extra poderia ser dispensada quando houvesse acordo ou convenção coletiva de trabalho, desde que não se ultrapassasse o limite diário de 10 (dez) horas de labor, nem – tampouco – a soma das jornadas semanais de trabalho previstas durante um ano. Assim sendo, o TST entendeu por revogar a mencionada Súmula de Jurisprudência.

Contudo, em momento histórico posterior, a medida legislativa proveniente do Poder Executivo foi modificada mais uma vez. Quando do fechamento deste escrito a norma vigente sobre a questão em comento era a Medida Provisória 2.164-41, de 24 de agosto de 2001, que em seu artigo 2º dava *novel* redação ao § 2º do art. 59 Consolidado, retirando-se a exigência de que o acordo de compensação de jornada se fizesse por intermédio sindical, podendo ser realizado diretamente entre empregados e empregadores. Assim sendo, não há mais nenhuma incompatibilidade do ressurgimento do Enunciado 108 do TST, no que tange a possibilidade de acordo de compensação de jornada sem a participação dos órgãos de classe. De todo o exposto, é patente a viabilidade de realização de acordo para compensação de jornada, diretamente firmado pelos atores da relação empregatícia (empregado e empregador). Registre-se, entrementes, que não se mostra razoável limitar a compensação da jornada ao período semanal.

Não existe razoabilidade em uma empresa pagar horas extras a seus empregados em períodos de aquecimento do mercado, enquanto que dentro

---

[124] Enunciado 108 do Colendo TST – A compensação de horário semanal deve ser ajustada por acordo escrito, não necessariamente em acordo coletivo ou convenção coletiva, exceto quanto ao trabalho da mulher.

do mesmo ano concede – aos mesmos mourejadores – férias coletivas, porque a produção não vinha sendo escoada.

A grande maioria dos autores atribui à Lei 9.601/98, instituidora do Banco de Horas, a possibilidade de compensar a jornada de trabalho fora dos limites semanais. Sim, o artigo 6º da indigitada norma alterou a dicção do § 2º do art. 59 da CLT, que passou a prever a possibilidade de compensação da jornada dentro do período de um ano e não mais dentro apenas da mesma semana de trabalho, como se pensava outrora.

No que pesem as considerações da grande maioria dos doutos de Direito Laboral, no sentido de que a Lei 9.601/98 foi quem possibilitou a compensação de jornada diretamente entre empregado e empregador e em períodos superiores ao da semana, este escrito permite discordar. A Lei 9.601/98 não teria o contorno da novidade, porquanto a interpretação mais elástica do inciso XIII do art. 7º da Carta Magna de 1988 já permitiria a compensação de jornadas sem limites temporais e sem a obrigatória participação dos sindicatos.

Realizando-se cuidadosa leitura do comando constitucional em apreço vê-se que se trata de norma constitucional de eficácia plena, eis que independe de norma regulamentadora.

Com o uso da correta hermenêutica constitucional conclui-se, sem embargo, que o constituinte pátrio de 1987/1988 estabeleceu a possibilidade de se compensar a jornada.

Nada disse que teria de ser dentro da semana. Ademais, estabeleceu uma *facultas agendi* para que os sindicatos participassem desta negociação. Não impôs a participação sindical, razão pela qual pode-se afirmar que jamais teria impedido a feitura de acordos diretamente entre empregado e empregador. Outrossim, o constituinte pátrio não inviabilizou que os limites temporais da compensação da jornada extrapolassem o período de uma semana.

Por fim, mas não menos importante, cumpre deixar consignado que a I Subseção de Dissídios Individuais do Colendo Tribunal Superior do Trabalho, trilhando o mesmo caminho defendido neste trabalho monográfico, editou a orientação jurisprudencial de nº 182, onde se tem por válida a compensação de jornada decorrente de acordo individual, sem a participação sindical.[125]

Ultrapassada esta questão de ordem doutrinária, o que merece ser destacado é o fato de que existe possibilidade de se compensar a jornada de trabalho prestada em excesso num dia com a redução da jornada em

---

[125] Orientação Jurisprudencial nº 182 do Colendo TST: Compensação de Jornada. Acordo Individual. Validade. (Inserido em 08.11.2000) – É válido o acordo individual para compensação de horas, salvo se houver norma coletiva em sentido contrário.

Direito Constitucional do Trabalho
ASPECTOS CONTROVERSOS DA AUTOMATIZAÇÃO

outro, desde que tal fato ocorra dentro do mesmo calendário. Registre-se que esta é uma inovação (quer constitucional, quer proveniente da Lei 9.601/98) por demais salutar. Sim, instituiu-se, dentre nós quase que uma anualização da jornada de trabalho, fato que já tinha sido vivenciado – com sucesso – em outros países.

A sanidade desta medida trará grande economia para a classe empresarial, vez que será possível racionalizar a jornada de trabalho dentro do ano. Evita-se, desse modo, no espaço de um mesmo ano, o pagamento de horas extras em período de euforia do mercado consumidor e a concessão de férias coletivas quando o mercado estiver sob turbulência recessiva.

Esta economia poderá ser convertida para os consumidores, que obterão os produtos por um custo mais convidativo. Registre-se, ainda, que o dinheiro poupado pode ser revertido em prol da capacitação dos trabalhadores e/ou do surgimento de novos postos de trabalho.

Eis, em síntese, a singular importância da compensação de jornada para o fomento dos empregos no Brasil.

5.4. Contrato a tempo parcial

O contrato a tempo parcial também se mostra como mais uma política estimulada pelo Poder Público no sentido de manter os postos de serviços atualmente existentes, bem como promover o surgimento de novos empregos.

O comando normativo que estabelece a possibilidade do trabalho em regime de tempo parcial é, até a impressão deste escrito, a Medida Provisória nº 2.164-41, de 24 de agosto de 2001.

O procedimento provisório em tela, em seu primeiro comando mandamental, acrescenta à CLT os artigos 58-A, 130-A, 476-A e 627-A. Em decorrência dos acréscimos listados acima, ficou pacificada a possibilidade de se contratar mourejador para trabalhar em jornada reduzida.

Sim, havia uma controvérsia entre os estudiosos de Direito do Trabalho no sentido de se admitir ou não o labor realizado em tempo reduzido e o conseguinte pagamento proporcionalmente a menor. Tal fato tornava-se mais nítido com relação aos trabalhadores que recebiam salário mínimo.

Uns entendiam que muito embora o empregado realizasse trabalho em jornada reduzida ele não poderia receber menos do que o salário mínimo mensal, posto que ele seria o menor valor válido como contraprestação monetária em decorrência dos trabalhos realizados. Assim sendo, não acatavam a tese do salário mínimo fracionado (horário e diário).

Outros pugnavam pela corrente adversa de que, em sendo um contrato sinalagmático ou bilateral, haveria de existir uma proporção entre a força de trabalho dispensada pelo obreiro e o correspondente *quantum* remuneratório. Assim sendo, não seria razoável que uma empresa tivesse dois trabalhadores recebendo o mesmo valor mensal de salário mínimo, um trabalhando em jornada normal e outro com jornada parcial ou reduzida. Aduzem que tal fato se constituiria verdadeira afronta ao princípio da igualdade relativa, que diz que se deve tratar igualmente os iguais e desigualmente os desiguais na exata medida de suas desigualdades.

Registre-se que havia uma predominância doutrinária e jurisprudencial[126] desta última linha de pensar.

Entrementes, quer nos aparentar que a controvérsia se dissipou com as mudanças da Consolidação das Leis do Trabalho, agora prevendo a possibilidade de contrato de trabalho em regime de tempo parcial, sendo este o labor que não exceda a duração semanal de 25 (vinte e cinco) horas.

Esta é a conclusão a que se pode chegar da leitura do art. 58-A da CLT, que permite o labor em jornada reduzida com a conseguinte redução proporcional do salário.

Merece ressalva o fato de que o trabalho com jornada reduzida tem aplicação direta para os novos contratados, ou seja, pode ser feita a contratação do obreiro já com jornada de até 25 (vinte e cinco) horas, com a conseguinte minoração da remuneração. No que tange as pessoas que estejam integrando o mercado de trabalho, as empresas só poderão alterar o regime de carga horária para jornada reduzida quando estas possuírem documento em que o empregado tenha manifestado a sua intenção de alteração do regime de trabalho, na forma prevista em instrumento decorrente de negociação coletiva. Esta é a inteligência do § 2º do art. 58-A da CLT.

A inovação legal mencionada acima se nos aparenta como uma tentativa louvável do Governo Pátrio no sentido de, mesmo precarizando alguns direitos trabalhistas, manter uma política pública de incentivo à manutenção dos postos de serviços atualmente existentes, assim como uma verdadeira cruzada no afã de criar novos empregos. Confirmando o que se alega, outra medida saudável acerca do contrato de trabalho com jornada

---

[126] Ementa: Empregada Doméstica – Jornada Reduzida – Salário Mínimo. O dispositivo constitucional que fixa o salário mínimo como a menor remuneração paga ao trabalhador (artigo sétimo, inciso quatro), o faz em consonância com aquele que dispõe sobre a duração normal do trabalho não superior à oito horas diárias e quarenta semanais (artigo sétimo, inciso treze). Assim, se a jornada de trabalho do empregado é menor que a estipulada pela Constituição, cabe-lhe o pagamento do mínimo proporcional ao tempo de trabalho por ele executado. Revista provida. (TST – 1ª Turma, RR – 483013/98, Relatora Ministra Regina Fátima Abrantes Rezende Ezequiel, publicado no DJ em 09/04/1999, p. 99)

Direito Constitucional do Trabalho
ASPECTOS CONTROVERSOS DA AUTOMATIZAÇÃO

reduzida diz correlação com a expressa vedação legal de que os trabalhadores sob o regime de tempo parcial não podem prestar horas extras. Tal fato lastreia-se na dicção do § 4º do art. 59 da Consolidação das Normas Laborais.

Vislumbra-se a perfeita harmonia legislativa com relação aos dispositivos mencionados acima. Sim, pois não se conseguiria alcançar a *voluntas legis* de expansão do mercado de trabalho se, ao mesmo tempo em que se permite o contrato de trabalho com jornada reduzida, fosse possibilitada a extrapolação desta jornada.

Em atenção ao mesmo motivo determinante, tem-se que o § 3º do art. 143 da Consolidação das Leis do Trabalho veda aos empregados sob o regime de tempo parcial a possibilidade de conversão do terço do seu período de férias em abono pecuniário. Sim, o trabalhador em tempo parcial haverá de gozar integralmente e de uma só vez as suas férias anuais, sendo proibido – inclusive – o parcelamento do descanso em dois períodos. Consigne-se, quanto às férias, que estas serão concedidas com prazo reduzido, alcançando patamar máximo de 18 (dezoito) dias aos trabalhadores que realizarem jornada semanal entre vinte e duas e vinte e cinco horas.

Com estas normas caminhando *pari passu* entende-se que é perfeitamente viável a contratação de mais pessoas, todas, com menor carga de trabalho e maior espaço para o lazer.

Registre-se que tal fato também é benéfico para as empresas. O benefício é tanto direto quanto indireto. O direto decorre do fato de que se os obreiros trabalham em jornada diminuta, estes não serão vítimas de desgastes físicos e biológicos, o que permite uma maior produtividade para as empresas. O indireto diz correlação com o mercado consumidor. Pode-se aduzir, sem embargo, que o aquilatamento do espectro de pessoas empregadas faz aumentar, em igual proporção, o mercado de consumo e a circulação de riquezas, o que redunda no escoamento mais célere da produção e maior lucratividade para a classe econômica.

As vantagens para o trabalhador são nítidas, posto que haveria uma crescente possibilidade de manutenção dos postos de trabalho, para os já empregados, assim como uma chance maior de absorção pelo mercado de emprego daqueles que estão desempregados. Afora isso, haveria melhor condição de trabalho, notadamente no plano da segurança e da medicina do trabalho e, via de conseqüência, seria possível a promoção do que se pode chamar do necessário "ócio criativo".[127]

---

[127] Expressão utilizada por Domenico de Masi, professor titular de Sociologia do Trabalho na Universidade de Roma, que advoga a tese de que – na sociedade pós-industrial – o futuro pertence a quem souber libertar-se da idéia tradicional do trabalho como obrigação e for capaz de apostar numa

Contudo, todas estas mudanças normativas não se mostrarão suficientes para a superação do problema do desemprego, acaso estejam desacompanhadas de uma minoração dos encargos sociais incidentes sobre o trabalho formal pátrio.

Deve-se, concomitantemente, flexibilizar a norma trabalhista, na mesma medida em que se promove uma redução dos custos incidentes sobre a mão-de-obra assalariada nacional. A necessidade da diminuição do chamado "custo Brasil" fica patente com as seguintes palavras do economista José Pastore, senão vejamos:

> As discussões sobre os encargos sociais têm sido úteis para a percepção de que a contratação de um trabalhador no Brasil custa para as empresas o valor do seu salário mais 102%, pagos a título de "pedágio legal" composto de 18 itens de natureza impositiva.[128]

Conclui-se que uma ação conjunta no plano de se quebrar algumas amarras da norma laboral, o que já se antevê com a recente aprovação no Congresso Nacional do projeto de lei que privilegia a negociação e o acordo coletivo em face da norma consolidada, assim como nos aspectos fiscais, tributários e previdenciários que refletem na composição final do custo do trabalhador brasileiro, é que poderá surtir efeitos mais cristalinos em prol do surgimento de novos postos de trabalho.

5.5. A premência de capacitação da mão-de-obra nacional

A mão de obra brasileira não possui, via geral, capacitação. Esta é a premissa que se tem para enfocar a questão da necessidade do aprimoramento da força de trabalho nacional.

Sabe-se que o aperfeiçoamento do laborista é essencial nos dias atuais, mormente porque existe grande competição no mercado de trabalho e uma tendência, decorrente da globalização, de livre circulação de trabalhadores, o que irá acirrar ainda mais a busca por novas vagas no mercado de trabalho, assim como a dificuldade de mantença dos atuais postos de serviço. Afora isso, com a intensificação do processo de automação surgem, a cada dia, novas técnicas e, caso o mourejador não esteja acompanhando o desenvolvimento tecnológico, estará fadado a perder o emprego

---

mistura de atividades, onde o trabalho se confundirá com o tempo livre e o estudo. Em síntese, o autor entende que o futuro é de quem exercitar o ócio criativo.

[128] PASTORE, José. *O desemprego tem cura?* São Paulo: Makron Books, 1998, p. 183. Nesta obra o autor faz um denso estudo sobre as barreiras institucionais ao emprego no Brasil, razão pela qual permite-se recomendar a consulta.

que possua ou, em sendo desempregado, não conseguirá sua reabsorção no mercado de trabalho, cada vez mais seletivo e exigente.

Neste diapasão, deve-se estabelecer quem teria a responsabilidade no tocante à capacitação da força produtiva, se o Estado, o empregador ou o próprio empregado.

Esta matéria foi alvo de deliberação no período da Constituinte Nacional (1987/1988). Em um primeiro momento do tramitar constitucional, entendeu-se que a capacitação do trabalhador deveria ficar a cargo do empresariado. Esta foi a proposta inserida no relatório da Deputada Cristina Tavares. Tanto isso é fato que o texto inicialmente adotado pela Subcomissão de Ciência e Tecnologia previa que deveria haver o reaproveitamento de mão-de-obra e acesso a programas de reciclagem prestados pela empresa, sempre que a introdução de novas tecnologias, por ela adotada, importasse em redução ou eliminação de postos de trabalho e/ou ofício.

Entrementes, o texto final suprimiu a responsabilidade da categoria econômica de capacitar ou de reciclar os empregados que tivessem sido vítimas dos efeitos negativos da automação.

Elias Silva realiza exemplar estudo sobre a tramitação das propostas que versavam sobre o tema em estudo, quando da Constituinte Nacional de 1987/1988. O autor catarinense teoriza o quão foi tímido o texto final do art. 7º, inciso XXVII, da Carta Política vigente, mormente quando comparado às propostas discutidas no âmbito do Congresso Nacional. Corroborando com o dito, permite-se transcrever as lúcidas palavras do mencionado jurista, *verbis*:

> É de se concluir, portanto, que com a redação por fim aprovada o constituinte reconheceu que os trabalhadores necessitam de proteção em face da automação, sobretudo por conta do fantasma do desemprego que, via de regra, ronda as empresas em processo de modernização. Entretanto, além de se suprimir dos trabalhadores, no curso do processo constituinte, as vantagens advindas da adoção da automação, a eles também foi impedido de influírem, ao nível empresarial e institucional, nas políticas relacionadas às novas tecnologias. Além disto, foi retirado dos ombros do empresariado a responsabilidade de reciclarem mão-de-obra afetada pela modernização tecnológica.[129]

Há quem defenda que tal atribuição deveria recair sobre o Estado (sentido genérico), porquanto o trabalho é tido como um direito social, *ex vi*, do *caput* do art. 6º da Constituição Federal de 1988, assim como o Poder Público tornou a busca do pleno emprego verdadeiro, princípio da ordem econômica e financeira (art. 170 da Lei Maior). Todavia, em tempos

---

[129] SILVA, Elias Norberto da. *A automação e os Trabalhadores*. LTr: São Paulo, 1996, p. 72.

de defesa da redução do tamanho do Estado (Estado mínimo) verificou-se, nos últimos anos, uma política abstencionista estatal quanto à preparação, reciclagem ou recapacitação da mão-de-obra. Os defensores desta corrente complementam seu pensar teorizando que não seria razoável atribuir ao empregador, já tão sacrificado com o chamado "custo Brasil" o dever de capacitar a mão-de-obra.

Em contraposição, apresenta-se a corrente dos que defendem que caberia ao empregador o processo de capacitação e/ou reciclagem da mão-de-obra, notadamente porque são eles os que se utilizam diretamente da força produtiva e dela retiram os seus lucros. Surgiu, dentro deste panorama, a idéia de que caberia aos empregadores a preparação da mão-de-obra tupiniquim, até porque se o empregado está apto a realizar funções específicas, a tendência é um ganho de qualidade do serviço e de produtividade, fatores que possibilitariam ao empresariado diluir os gastos adicionais decorrentes da capacitação da mão-de-obra. Na verdade, o dinheiro investido para aprimorar o trabalhador brasileiro não seria um gasto, mas verdadeiro investimento, com boas perspectivas de rápido retorno.

Outros dizem que o trabalhador é que deve aumentar o seu leque de conhecimento, posto que só assim continuará a lutar pela sua manutenção entre os que desfrutam de uma relação formal de trabalho. Pensando assim, caberia a cada obreiro, na exata proporção de seu interesse e possibilidade, buscar seu aprimoramento. Não seria razoável que a empresa pagasse o custo do desenvolvimento, vez que quando for necessária a contratação de mão-de-obra, ela já selecionará os seus empregados dentre aqueles que já estejam perfazendo as suas exigências. Igualmente, não seria adequado que o Estado, numa atividade paternalista, promovesse a capacitação de cada trabalhador, uma vez que existem atividades exclusivas e estratégicas do Estado que iriam requerer maior detimento por parte do Poder Público. Caberia, pois, a cada mourejador a disponibilidade pessoal de se aprimorar e aumentar a sua empregabilidade.

Na tentativa de se encontrar um ponto intermediário entre as diversas linhas ideológicas dispostas acima, tem-se de suma importância a existência dos serviços sociais autônomos. Sim, ditas instituições são mantidas por recursos provenientes de empregados e empregadores e recebem colaboração e amparo do Estado, sendo consideradas entes paraestatais, de cooperação com o Poder Público. Quem bem esclarece a satisfatória interligação entre o Estado e os particulares, nas entidades de serviços sociais autônomos é Maria di Pietro, senão vejamos:

> Essas entidades não prestam serviço público delegado pelo Estado, mas atividade privada de interesse público (serviços não exclusivos do Estado); exatamente por isso são incentivadas pelo Poder Público. A atuação estatal, no caso, é de fomento e não de prestação de serviço público. Por outras palavras, a participação do Estado,

no ato de criação, se deu para incentivar a iniciativa privada, mediante subvenção garantida por meio da instituição compulsória de contribuições parafiscais destinadas especificamente a essa finalidade. Não se tratam de atividade que incumbisse ao Estado, como serviço público, e que ele transferisse para outra pessoa jurídica, por meio de instrumento da descentralização. Trata-se, isto sim, de atividade privada de interesse público que o Estado resolveu incentivar e subvencionar.[130]

À guisa de exemplificação destes entes paraestatais de cooperação com o Poder Público tem-se o SENAI, SENAC, SESC e SESI, dentre outros.

Constatou-se, portanto, que seria inviável atribuir a apenas um dos atores da relação de emprego a carga da capacitação. Seguindo esta linha de tirocínio, foi recentemente aprovado o texto do art. 476-A da Consolidação das Leis do Trabalho, que permite a suspensão do contrato de trabalho por período de dois a cinco meses, com o fito de propiciar ao empregado a participação em cursos ou programas de qualificação oferecidos ou mantidos pelo empregador. A disposição legal em epígrafe cria nova modalidade de suspensão do contrato de trabalho. Registre-se que a suspensão da contratualidade trabalhista terá de ser equivalente ao período do curso de capacitação. Igualmente, deve-se consignar que o trabalhador deverá formalmente aquiescer com sua participação no curso e conseguinte suspensão de seu contrato de trabalho, fator que não tem o condão de tornar prescindível a previsão da suspensão do contrato de emprego em convenção ou acordo coletivo de trabalho.

Enquanto perdurar o curso ou programa de qualificação profissional, o capacitando irá receber o seguro-desemprego, bem como uma bolsa de qualificação profissional, custeada pelo Fundo de Amparo ao Trabalhador – FAT, nos exatos e precisos termos do art. 2°-A da Lei 7.998/90.[131] Outrossim, é permitida ao empregador a concessão de uma ajuda compensatória mensal, sem natureza salarial, durante o lapso temporal da suspensão contratual. Esta possibilidade e o valor da paga haveriam de ser ajustadas em convenção ou acordo coletivo de trabalho. Além das previsões compensatórias decorrentes de negociação coletiva, que possuem força de lei a teor do que dita o art. 7°, inciso XXVI, da Lei Fundamental vigente, é possível ao empregador, facultativamente, conceder benefícios ao empregado cujo contrato de trabalho esteja suspenso.

---

[130] DI PIETRO, Maria Sylvia Zanella. *Direito Administrativo*. 13. ed. São Paulo: Atlas, 2001, p. 407.

[131] Art. 2° A da Lei 7.998/90 – Para efeito do disposto no inciso II do art. 2°, fica instituída a bolsa de qualificação profissional, a ser custeada pelo Fundo de Amparo ao Trabalhador – FAT, à qual fará jus o trabalhador que estiver com o contrato de trabalho suspenso em virtude de participação em curso ou programa de qualificação profissional oferecido pelo empregador, em conformidade com o disposto em convenção ou acordo coletivo celebrado para este fim.

Não se pode perder de vista, contudo, que se está diante de suspensão e não de extinção do contrato de trabalho. A distinção básica entre os institutos em comento decorre do fato de que no primeiro o vínculo empregatício continua mantido, sendo que as cláusulas do pacto laboral ficam sobrestadas. Em outras palavras, na suspensão se vislumbrará a cessação temporária e total da execução e dos efeitos da contratação trabalhista. Já na extinção, ocorre o efetivo rompimento do liame empregatício, fazendo cessar os direitos e atribuições de cada uma das partes envolvidas na relação de emprego.

Pensando desta forma foi de bom alvitre a adoção de prazo máximo para que a suspensão ocorresse e, conseguintemente, que durasse o curso de capacitação. Desta forma, evita-se que sob a insígnia da suspensão ocorresse efetiva prática terminativa do emprego.

A suspensão do contrato de trabalho para fins de capacitação é válida, como já dito alhures, no período entre dois a cinco meses, ficando vedada nova suspensão da contratualidade – pelo mesmo pretexto – no período dos dezesseis meses que se seguirem ao pagamento da primeira parcela do seguro-desemprego referente à primeira paralisação do pacto laboral sob este argumento de reciclagem.

Porém o § 7º do art. 467-A prevê que o prazo limite fixado para a suspensão da contratualidade trabalhista pode ser prorrogado por intermédio de convenção ou acordo coletivo de trabalho, mais uma vez exigindo-se a anuência formal do empregado. Neste caso a bolsa auxílio não mais será paga pelo FAT, cabendo ao empregador o adimplemento do valor da bolsa de qualificação profissional.

Objetivando permitir que o grêmio sindical fiscalize o adequado cumprimento das exigências legais para a suspensão do contrato de trabalho para a capacitação profissional, exigiu-se que o sindicato da categoria profissional a que se atrela o trabalhador fosse informado, com antecedência mínima de quinze dias, que haveria a suspensão da contratualidade. Registre-se, contudo, que a omissão quanto a notificação citada acima não dá azo à anulação da suspensão, caracterizando-se como infração de índole administrativa que haverá de ser apurada pela Delegacia Regional do Trabalho.

Vê-se que a idéia central é a de melhorar o nível do empregado nacional, dividindo-se o ônus desta capacitação. Registre-se que o trabalhador que passe pelo curso de qualificação profissional tende a ser melhor aproveitado pela empresa e conquista uma segurança quanto à manutenção do seu posto de serviço. Reforçando ainda mais este espírito da lei, convém registrar que se houver a demissão do empregado capacitando durante o curso ou em prazo de até três meses de seu retorno às atividades laborais cotidianas, ele receberá as verbas trabalhistas previstas na legislação em vigor, sem prejuízo de multa a ser fixada em convenção ou acordo coletivo de trabalho, nunca podendo ser inferior a cem por cento do valor da última remuneração mensal anterior à suspensão do contrato.

5.6. A questão educacional e a problemática do emprego

Com o acirramento pela busca de postos de serviço, disputa esta crescente e que faz com que apenas a mão-de-obra mais qualificada seja absorvida pelo mercado de trabalho, verifica-se que a educação é um elemento definidor do futuro laboral dos cidadãos na sociedade globalizada.

Nos dias atuais, verifica-se um aquilatamento no nível das exigências firmadas pelas empresas para a concessão de empregos, além da procura do aprimoramento das aptidões empregatícias. Só atendendo a estas imposições do mercado de trabalho é que se conseguirá adentrar no cada vez mais seleto grupo da população economicamente ativa, ou a se manter nessa mesma casta social.

Neste *novel* panorama da busca pelos empregos, vê-se que o nível intelectivo é fator de decisão para a escolha dos empregadores. Sim, a educação surge, nesse novo contexto mundial, como um elemento que poderá distinguir o sucesso do fracasso laboral.

Neste sentido, pode-se aduzir que é nítida a majoração dos critérios para a seleção de mão-de-obra, fator que tem condenado muitos mourejadores – que não desfrutam de qualificação específica, de um diferencial, de um *plus* que possa ser colocado em prol da empresa – a perda do emprego, ou a sua inserção nos subempregos ou ainda a sua saída do mercado formal de trabalho.

Atenta à nova situação global, de maiores exigibilidades para os trabalhadores e já antevendo a tendência a uma livre circulação de pessoas dentro dos blocos regionais, e a conseguinte disputa pelo mercado de trabalho com os estrangeiros, a nova Lei de Diretrizes e Bases da Educação do Brasil estabeleceu, dentre outras inovações, que as Escolas Técnicas Federais, que passaram a ser nominadas de Centros Federais de Educação e Treinamento, deverão se ater à preparação profissional.

No entender do presente estudo, essa modificação era necessária, pois com a duplicidade de foco educacional (educação profissional e convencional) havia uma dispersão do educando e uma queda na qualidade do aprendizado. Destarte, com a centralização dos esforços no sentido de possibilitar uma melhor preparação para o mundo dos empregos, o jovem brasileiro que tiver acesso a essas instituições de ensino sofrerá menos os reflexos globalizantes da economia, podendo competir mais satisfatoriamente com trabalhos alienígenas.

A xenofobia comercial não mais pode persistir em tempos de blocos econômicos. Surge, como conseqüência das mudanças sociais, a necessidade da co-existência de produtos, serviços e trabalhadores das mais diversas nacionalidades, etnias e origens, onde apenas a preparação cultural será o elo de ligação destes profissionais. Desta forma, mostra-se a importância da educação para o trabalho na sociedade globalizada.

Como reflexo da dificuldade para que se consiga a inserção ou a mantença no mercado de trabalho humano, surgiu a premência de que o candidato a um posto de serviço tenha um maior nível de "empregabilidade".

O vocábulo telado é novo, servindo para indicar o grau de preparo que determinada pessoa possui para a sua entrada na cadeia mercadológica de trabalho.

Quanto maior for o número de aptidões de uma pessoa, maior será o seu patamar de empregabilidade, ou seja, haverá uma gama de possibilidades mais nítidas para a conquista ou a manutenção do posto de serviço. Consigne-se que a diversidade de aptidões passa, necessariamente, pelo aumento do nível de conhecimento dos trabalhadores. São, pois, grandezas diretamente proporcionais. A contrário senso, quanto menor for a capacidade da pessoa em se adequar às modificações do emprego, menor será o seu índice de empregabilidade.

Verifica-se, como dito acima, que existe uma correlação constante entre um elevado patamar de empregabilidade e um maior preparo intelectual. Atualmente, não é rara a existência de pessoas que já tenham trabalhado em ramos totalmente distintos, ou em profissões aprioristicamente incomunicáveis porque tinham capacitação para fazê-lo.

Desta forma, o leque de possibilidades empregatícias se abre na medida que o cidadão se enriquece culturalmente. Inclusive, é de bom alvitre dizer, que um dos critérios hodiernos para se traçar um perfil do empregado a ser admitido pelas empresas, é a variação e a mobilidade nos empregos, pois denota, que o empregado além de possuir uma multiplicidade de habilidades, não é acomodado.

Em tempos de globalização econômica, evidenciada pela livre tramitação de mão de obra entre os países que compõem os blocos econômicos, quem não possuir uma gama de opções para se empregar, tende a ficar alijado do mercado de trabalho.

Deste modo, em um curto espaço de tempo, haverá exigências mais severas para a entrada nas profissões, tais como: o conhecimento da informática, o domínio de línguas estrangeiras e a capacitação para operar máquinas cada vez mais avançadas.

É o nível cultural servindo como diferencial no mundo do emprego.

Pode-se traçar, a partir da análise da empregabilidade, um perfil dos trabalhadores mais ou menos propensos a perder seus postos de serviço. Mencionada tarefa foi realizada pelo sociólogo inglês Peter Dicken, que reforça a importância educacional para a continuidade dos contratos de trabalho, senão vejamos:

> No que se refere a grupos sociais, as pessoas menos sujeitas ao desemprego são homens entre 25 e 54 anos, com boa educação ou boa formação profissional. Isso deixa vulnerável ao desemprego grande número de pessoas: mulheres, jovens, velhos, minorias. Muitos desses são trabalhadores não qualificados ou semiqualificados.[132]

A constatação do pesquisador saxão reflete a exigência do mercado de trabalho, que necessita de profissionais mais gabaritados. Consigne-se que esta maior capacitação dos empregados passa pela opção da teoria educacional que lhes é destinada. Para que se possa realizar um estudo mais cauteloso sobre a matéria, permite-se tecer breves ponderações acerca das teorias educacionais clássicas e de conflito.

a) O Relevo da Educação para a Ciência Política e a Teoria da Ordem

A educação, ao longo da história da humanidade, tem sido alvo de uma grande gama de estudos. Surgiram então, diversas correntes doutrinárias que tentaram evidenciar a importância e a aplicabilidade social de um sistema educacional adequado.

Convém ressaltar, que a mutabilidade política de um País está intimamente ligada com a necessidade de mudança no enfoque do ensino, visto que é, do conhecimento de todos, que a aquisição do poder e a sua mantença podem estar fincados no campo de transmissão de uma ideologia, tudo isso se fazendo por meio de um sistema educacional.

Umas das provas mais incontestes do suso alegado, é a corrente que analisa a escola na perspectiva da teoria da ordem, igualmente nomenclaturada teoria do funcionalismo, que se pauta no interesse de estagnar o avanço social, permitindo o controle dos movimentos sociais por intermédio de um sistema educacional repressivo. Os educadores inibem toda e qualquer atitude que demonstre, por parte dos educandos, insatisfação contra o determinismo social.

---

[132] DICKEN, Peter. *Global Schift,* Londres: Paul Chapman Publishing, 1989.

Alguns dos maiores defensores do discurso científico da ordem, os educadores Max Weber[133] e Tallcot Parsons,[134] partindo do pressuposto de que a sociedade é um sistema onde há uma articulação entre as partes e o todo, ou seja, toda a sorte de elementos integrantes do sistema interagem uns com os outros, chegaram a conclusão de que essa interação é tamanha, que se deve vislumbrar um harmonioso desenvolver das funções sociais.

Metaforicamente, poder-se-ia alegar que o todo social seria uma complexa máquina e que cada engrenagem seria um grupo social. Destarte, caso uma peça não trabalhe com exatidão verificar-se-á prejuízo para todos. Surgirá então, um outro elemento para sanar o problema pontual causado, para que o mesmo não contamine todo o equipamento. Está visível o *animus* de se perpetuar a sociedade engessada.

O Reprodutivismo Educacional: a teoria reprodutivista da escola poderia expor toda a ideologia defendida nesse estudo no quadro abaixo, sob o prisma de que a introdução ao mercado de trabalho está inquebrantavelmente ligada às condições de ensino. As escolas públicas brasileiras, na formação do ensino básico e o fundamental, via geral, não ofertam aos seus usuários às mesmas condições de ensino das instituições privadas, que hodiernamente se encontram no ápice da pirâmide educacional. Esta situação se inverte nos cursos de graduação. Contudo, a maioria dos aprovados nos certames classificatórios para as universidades públicas é egressa de escolas secundaristas particulares. Tal fato tem gerado claro desnível cultural dos jovens saídos dos dois sistemas de ensino, sendo marco diferenciador entre trabalhadores e desempregados:

GRUPO PRIVILEGIADO

Habitus => Capital Cultural (assimilação) => Êxito empregatício

GRUPO NÃO-PRIVILEGIADO

Habitus => Capital Cultural (não assimilação) => Fracasso no emprego

Pode-se aduzir que os jovens financeiramente abastados têm acesso aos melhores centros de ensino, gozando de todas as condições necessárias para uma adequada absorção cultural do que lhes é ensinado, o que gera, por via consecutiva, um nível intelectual maior e a potencialidade de ser um vitorioso no mundo empregatício.

---

[133] WEBER, Max. *Economía y sociedad*. México: Fondo de Cultura Económica, 1944, 2 vols.

[134] PARSONS, Tallcot. *The school class as a social system: some of its functions in American society*. In: Education, economy and society. A reader in the Sociology of Education. HALSEY, A. H. et al.. Nova Iorque: Free Press, 1973.

Por seu turno, os jovens desprovidos de poderio financeiro têm acesso – quando o tem – a núcleos educacionais deficitários, além de não dispor das condições sugeridas para uma satisfatória absorção cultural do que lhes é transmitido, o que gera, por via de conseqüência, um menor aprimoramento intelectual e uma menor oportunidade na competição pelo emprego.

Pode-se concluir, sob a ótica da teoria reprodutivista da escola, que a educação é ponto precípuo para a mantença de desigualdades sociais ao longo da história. Existe infelizmente uma espécie de determinismo, que é raramente quebrado e que tem acarretado uma perpetuidade dos excluídos sociais.

Fica evidente que o reprodutivismo cultural paira sobre a sociedade como uma forma de sustentação perene do *status* educacional e laboral, sendo mais voltada para a teoria educacional clássica e a sua função distributiva.

b) A Tese do Conflito

Em contraposição ideológica à teoria da ordem, surgiu – até como um reflexo social natural – a corrente que pugna pela tese do conflito. Como propagadores de tal abordagem educacional crítica tem-se, dentre outros, Karl Marx, P. Bourdieu e J. C. Passeron,[135] os quais partiram da premissa de que existem marcantes variações valorativas no seio da sociedade. Entendiam que a sociedade só evolui em função de seu dinamicismo e de suas diferenças.

Seguindo tal linha de pensar e de educar – tão mais afeita ao sistema democrático do Estado, por aceitar e incentivar a pacífica e harmoniosa convivência de ideologias diversas, achando mesmo que esta plêiade ideológica é a própria razão de ser da evolução humana e social – a sociedade será pautada nas desigualdades, quer sejam elas econômicas, políticas, sociais, religiosas, entre outras.

O presente estudo aduz que esta segunda corrente pode servir de marco inicial para se traçar um paralelo entre a educação e a empregabilidade dos cidadãos em uma realidade global.

Tal intento se evidencia na insatisfação das camadas sociais menos agraciadas com a pujança financeira, as quais tendem a buscar um aprimoramento intelectual para conseguir uma melhoria de vida funcional, quebrando os grilhões do determinismo social.

De todo o exposto, conclui-se que a Escola hoje possui uma dualidade de enfoque funcional, vez que existem as funções clássicas da Escola, assim como existe – hodiernamente – a função laboral do sistema de ensino.

---

[135] BOURDIEU, P.; PASSERON, J. C. *Reproduction in education, society e culture.* Beverly Hills, CA: Sage, 1977.

As Funções Clássicas da Escola. O funcionalismo – que descreve a estrutura social para, só então, inserir a escola na sociedade, sendo esta última um modelo orgânico e que, por via de conseqüência, existe marcante interligação e dependência entre os dois atores (sociedade e educação) – elenca quatro funções precípuas da escola, quais sejam: a acadêmica, a distributiva, a econômica e a política.

A função acadêmica poderia ser entendida como uma maneira de se ofertar ao educando uma maior socialização, um maior grau ou nível cultural e, também, a realização de operações efetivas (ler, somar, dividir, soletrar, etc.).

A distributiva, por seu turno, fica interligada ao fator concessivo de *status* social. Sim, esta corrente assevera que existe uma correlação entre a importância social das pessoas e o seu *status* educativo ou educacional. Nesta linha de raciocínio, apenas uma pessoa de maior nível intelectual poderia ocupar locais de destaque na senda política, econômica e social.

A função econômica, corrente recente, criada pelo sociólogo americano Edward Denison,[136] já no século XX, aduz que o nível de escolaridade de que dispõe determinada pessoa lhe permite maior ou menor pujança financeira. Então, haveria uma grandeza diretamente proporcional entre o nível intelectual das pessoas e sua estabilidade monetária.

A importância política da escola, por sua vez, seria que a instituição de ensino deveria funcionar como um verdadeiro laboratório da co-existência social. Em observância do dito, haveriam contornáveis divergências vivenciadas na seara escolar que majorariam a tolerância dos educandos, o que serviria de ponto de partida para uma sociedade democrática, na qual os cidadãos, mesmo com linhas ideológicas diametralmente opostas, possam conviver com harmonia, respeitando o pensamento alheio.

A Função Laboral da Escola. Nos dias de hoje, verifica-se que emerge uma nova função do sistema educacional, além das tradicionais estudadas no tópico anterior, qual seja: a função trabalhista.

Com efeito, a escola pode servir de marco primordial para a inserção do ser humano no mercado de trabalho. Isso se deve ao grau de exigibilidade crescente para a concessão de empregos.

O número de excluídos do mercado de trabalho, formando o que Max chamava de exército de reserva, tem gerado dois efeitos primordiais: os empregados são compelidos a se aprimorarem sempre, com vistas a man-

---

[136] DENISON, Edward. *The sources of economic growth in the United States and the alternatives before us.* Committee for Economic Development, 1962.

Direito Constitucional do Trabalho
ASPECTOS CONTROVERSOS DA AUTOMATIZAÇÃO

tença do posto de serviço, e o empregador tem aumentado os níveis de exigência para a contratação.

Outro fator que deve ser levado em consideração é o de que não obstante o empregado esteja mais bem preparado culturalmente, avolumando os seus estudos, não se vislumbra o acompanhamento de um maior aporte dos salários.

Destarte, pode-se asseverar que até mesmo nas profissões onde se remunera mal, há uma tendência mundial para a absorção de mão-de-obra intelectualmente melhor preparada.

Pode-se sintetizar a idéia da escola ou do ensino (sentido amplo) para a vida laboral vitoriosa através do seguinte quadro:

| Exército de reserva crescente | => | maior qualificação exigida e menor contraprestação pecuniária ofertada (queda do poder de pressão e de barganha dos empregados) | => | incentivo ao aprimoramento técnico e cultural |

A Responsabilidade da Preparação Intelectual dos Trabalhadores. Já que nos debruçamos sobre o estudo da função obreira da educação, urge tecer alguns comentários acerca do ônus da preparação técnica e intelectual dos trabalhadores.

A Constituição Federal vigente no Brasil é omissa ou silente com relação a esse aspecto de suma relevância para a vida atual.

Convém ressaltar que tal silêncio foi intencional, visto que houve grande pressão, conhecida na ciência política por *lobby*, por parte dos empresários para que a Lei Fundamental silenciasse acerca do tema.

Os grupos de pressão foram eficazes, os interesses corporativistas do empresariado brasileiro prevaleceram, e a educação no ambiente de trabalho foi renegada a plano normativo inferior.

Esta atuação dos grupos de pressão foi desencadeada em virtude do contexto proposto na constituinte de 1987/1988, que incorporara, no relatório da Deputada Federal Cristina Tavares, as idéias do Movimento Brasil Informática, estabelecendo quehaveria a necessidade de se criar, no âmbito das empresas, possibilidade para a reciclagem cultural de seus trabalhadores, tornando-os aptos a enfrentar a maior competitividade acarretada pela globalização. Tal proposta foi rejeitada pela maioria dos congressistas.

No entender do presente estudo, a incumbência de realizar um constante aprimoramento cultural (sentido amplo) deve ser compartilhada entre a iniciativa privada e o setor público, visto que a falta de qualificação tem assolado tanto a seara particular quanto a estatal.

5.7. Conclusões do capítulo

Ao término do presente estudo, pode-se chegar as seguintes ponderações:

1) Depois de presenciar alguns outros países que tiveram um desempenho catastrófico no que toca à contenção ao crescente índice de desempregados, o ordenamento jurídico brasileiro abrandou a hermenêutica dos direitos dos trabalhadores, permitindo-se certa flexibilização.

2) O contrato de trabalho a prazo definido é relevante, posto que se mostra como verdadeira porta de acesso a novos empregos. Existe o aumento do universo de pessoas contratadas e elas, dependendo de seu desempenho profissional, poderão ter seus vínculos empregatícios convertidos em ajustes laborais de prazo indeterminado.

3) O banco de horas é norma de suma importância, porque também ataca a questão do "custo Brasil". Permite uma racionalização da jornada de trabalho em prazo de até um ano, atendidas as disposições inseridas no art. 59 da CLT.

4) O contrato a tempo parcial tem como principal fator positivo o aumento da capacidade de absorção do mercado de trabalho. Sim, se cada trabalhador puder trabalhar até 25 horas, sendo vedada a realização de horas extras, fatores previstos na norma instituidora do aludido ato negocial, existe a possibilidade de a empresa ter de contratar dois empregados ao invés de apenas um.

5) A educação é uma verdadeira arma que pode ser utilizada para a conquista do poder ou a manutenção do mesmo. Ademais, os sistemas educacionais são, freqüentemente, empregados nos países não de maneira aleatória, e sim com intuito de dar início ao itinerário da dominação do governante para com o povo, o qual ficaria, por um determinismo social, atrelado inquebrantavelmente às suas condições habituais, tudo isso em conformidade coma a teoria do funcionalismo;

6) A tese do conflito é mais adequada para o mundo atual, em completa mutação, tendo como norte a globalização e o rompimento gradativo das fronteiras, pois haverá a necessidade de um acréscimo da tolerância, para que se verifique a convivência harmoniosa entre as pessoas das mais variadas linhas ideológicas;

7) Além das funções clássicas que se atribui para a escola, surge a idéia de sua importância para a melhoria intelectual dos trabalhadores, pois a garantia empregatícia se correlaciona com a bagagem intelectual de que dispõe o trabalhador e o nível de exigência do mercado empregador torna-se cada vez maior;

8) Com o declínio do apoio financeiro do Poder Público Brasileiro, é de suma importância a participação da iniciativa privada para o preparo cultural do cidadão tupiniquim. Neste particular, forçoso reconhecer que o momento de crise pelo qual as instituições públicas atravessam no Brasil atual, coloca elementos que levam a um movimento contraditório de (des)ilusão do trabalhador frente a um futuro melhor. Nesse contexto, a sua representação de escola constrói-se considerando-a como instância que sistematiza e divulga elementos essências na busca pela cidadania, pelos quais o trabalhador teria, inclusive, um poder maior de reivindicação. Pensa-se no conhecimento escolar, como um elemento que permitiria alguma melhoria nas condições de vida, ainda que como operário, mas que não permite ascender socialmente. Por outro lado, pensa-se na negação do acesso à escolarização através da necessidade de sobrevivência, a essa exclusão da escola pelo trabalho é compreendida pelo trabalhador, e para ele, como um processo natural.

9) O nível de escolaridade exigida para a realização de quaisquer tarefas tem sido acrescido, tudo em virtude do exército de reserva crescente.

6. Reflexos da automatização nas relações jurídico-laborais

6.1. Introdução: os empregos e a terceira onda

Muito se tem teorizado acerca dos tópicos negativos do novo perfil de emprego, mormente no que diz respeito à substituição gradativa do homem pela máquina.

Contudo, também merece ser consignado que existem pontos positivos da sociedade globalizada no mundo dos empregos.

Seria uma visão parcial e maniqueísta imaginar que o processo de automatização teria apenas impactos danosos para a humanidade.

Dentre as questões favoráveis ao processo em si, impende destacar a otimização do tempo dos empregados na empresa, por meio de processos de produções mais racionais. Tal fato é comprovado pela utilização da linha produtiva toyotista.

Igualmente de bom tom é a busca pela qualidade total, fenômeno que tomou corpo com a globalização da economia, gerando menos desperdício de matéria-prima, o que acarreta uma redução do custo final dos produtos e a subseqüente queda dos preços ao consumidor.

Outros fatores corroboram com a idéia de que o *novel* perfil dos empregos e do mercado de trabalho também traz conseqüências positivas. Apenas a título de exemplificação, pode-se mencionar a busca por índices poluentes aceitáveis, valorizando-se as certificações de proteção ambiental, assim como a utilização de máquinas (automação) para a realização de atividades insalubres, perigosas ou congêneres, protegendo-se – desta forma – a incolumidade física do trabalhador.

Por outro lado, e como dito acima, a globalização trouxe consigo o grande mal do fim do século XX, e o maior receio do início deste milênio: o desemprego.

Contudo, não se pode dizer que a crise empregatícia vivida nos dias atuais é inédita, porquanto se está diante de uma verdadeira terceira revolução industrial.

Na primeira, implementou-se a máquina a vapor, mormente na extração mineral, na indústria têxtil e nos transportes coletivos. Tal mudança de paradigma tecnológico gerou uma súbita queda dos níveis de emprego.

A segunda, que margeou 1860 e a I Guerra Mundial, foi marcada pelo uso do petróleo, da eletricidade e das invenções que os seguiram. A tendência, já presente na etapa inicial, de menor necessidade de mão-de-obra humana, fica mais cristalina neste momento. Forçoso reconhecer que houve um abrupto crescimento dos níveis de desocupação humana.

O momento atual é o da terceira revolução industrial, onde após o término da II Confrontação Mundial verificou-se a expansão da robótica e da cibernética, que permitiu a aceleração do processo de automatização.

Existem autores que, ante o panorama de brusca diminuição de postos de serviço – fruto da automação – profetizam o fim dos empregos e o caos social. Outros afirmam que a queda dos postos de serviço de um setor irá gerar uma migração daqueles empregos para outro ramo da atividade financeira.

Deve-se ter em mente que, se em outrora se verificava a concorrência entre comerciantes ou até mesmo entre países em busca de mercado internacional para o escoamento da produção, em hodiernos dias se constata a disputa dos grandes blocos econômicos por um superávit em suas balanças comerciais.

Como conseqüência inevitável dessa competição, surgiu a necessidade de um aprimoramento da técnica e, por via consecutiva, vislumbrou-se a gradativa substituição do homem pela máquina. É a chamada automação, que atemoriza grande gama da população mundial.

Determinados escritores, como Jeremy Rifkin,[137] começaram a profetizar até o término dos empregos. O citado economista americano assegura que se deve formular um novo contrato social, não mais pautado no mercado de trabalho humano, vez que a sociedade deve se preparar para um Mundo sem trabalhadores.

Partindo-se da premissa de que não se pode imaginar – sob os atuais padrões valorativos – um mundo sem empregos, o autor em comento equivoca-se ao entender perfeitamente possível a celebração de um novo pacto social, não mais colocando o labor como o frontispício das intenções

---

[137] RIFKIN, Jeremy. *O Fim dos Empregos: O Declínio Inevitável dos Níveis dos Empregos e a Redução da Força Global de Trabalho*. São Paulo: Makron Books, 1995.

humanas, podendo haver – com o adequado uso da tecnologia de ponta – um aquilatamento do lazer.

Como já antecipado acima, o presente estudo não advoga a idéia de que o ócio possa perpetuar-se sob o pseudônimo de um maior tempo disponível. Talvez por não se conseguir a dissociação do dogma ou da premissa de que o trabalho é que engrandece o homem, refuta-se o pensar daqueles que idealizam a possibilidade de uma adaptação harmônica e perfeita a um estado de desemprego generalizado.

Os Estados Unidos da América têm-se constituído em exemplo inconteste de que pode haver um crescimento econômico, com qualidade nos produtos e serviços, acompanhados de uma necessidade crescente de mão-de-obra. Tal fato foi presenciado durante todo o período do governo do Presidente Bill Clinton. Contudo, em virtude dos recentes atentados terroristas, houve uma natural retração do consumo e, via reflexa, uma queda dos níveis de emprego naquele país.

A óptica adotada pelos americanos até sofrerem o impacto decorrente da intolerância política, religiosa e social é singela, podendo ser sintetizada na seguinte equação lógica: aumento no número de empregados e no nível salarial dos mesmos => crescimento do mercado consumidor => acréscimo no nível de transações comerciais => geração de novos postos de serviço e de maior contribuição tributária para que o governo possa investir na preparação da mão-de-obra.

Em síntese, e de maneira superficial e simplificada, esse foi o modelo que transformou os Estados Unidos da América no maior exemplo de que não existe uma grandeza inversamente proporcional entre desenvolvimento tecnológico e os índices de desemprego. O que se mostra mais certo é uma outra correlação, ligação esta que pugna pela grandeza diretamente proporcional entre o crescimento econômico e a necessidade de abertura de novos postos de trabalho.

Alguns[138] imaginam a produção direcionada dos países, ou seja, cada Estado seria especialista em fazer determinado produto, este devendo servir para todo o consumo mundial. Temerária idéia, posto que se houvesse uma geada nos Estados Unidos da América – especificamente na Califórnia, Estado americano com propícias condições para a citricultura – haveria uma escassez mundial de laranja. Pode-se afirmar, por conseguinte, que tal tese não tem o mínimo respaldo científico.

Todo esse fenômeno da globalização da economia mundial, onde se verifica com clareza a internacionalização dos mercados e a desnacionali-

---

[138] OHMAE, Kenichi. *O Fim do Estado Nação: A Ascensão das Economias Regionais*. Rio de Janeiro: Campus, 1996.

zação do capital, gerou a chamada "Terceira Onda", que, segundo Alvin Toffler,[139] se fez acompanhar de uma gama de mudanças econômicas, com repercussões no mundo obreiro.

No que pertine a este estudo, verificar-se-á pormenorizadamente tais mutações, mormente quando da passagem do fordismo para o toyotismo, suas causas e conseqüências.

6.2. Do Fordismo ao Toyotismo

O sistema fordista de gerenciamento industrial, estruturado sobre a base do taylorismo, mostrou-se por demais eficiente até os idos de 1960.

Naquela ocasião, entendia-se que a existência de um grande estoque era indispensável para o fortalecimento da empresa, posto que o alto custo do maquinário deveria ser compensado pela sua utilização contínua, evitando-se o sub-aproveitamento das máquinas.

Outrossim, acreditava-se que a produção era a mais satisfatória, a qual poderia ser conceituada como aquela em que:

Profissionais especializados projetam produtos que são fabricados por trabalhadores não qualificados ou semiqualificados operando equipamentos caros e de finalidades específicas. Estes produzem produtos padronizados e em grande quantidade.[140]

Entretanto, houve o declínio americano e emergiu a forma da produção enxuta utilizada inicialmente na japonesa fábrica da Toyota. Em razão dessa origem, o sistema produtivo em que se busca um híbrido melhorado das produções artesanal e industrial – aproveitando desses meios o que eles têm de melhor e tentando corrigir o que possuem de deficitário –, chamou-se sistema toyotista, cujo basilar princípio é produzir mais, com menos recurso e mão-de-obra.

É, justamente, o que as empresas buscam nos dias atuais e que tem ocasionado o declive nos níveis de emprego.

Sim, o toyotismo impôs novas práticas gerenciais e empregatícias, tais como o *just in time/kanban*, controle de qualidade total, dentre outros. Naturalmente e, por via de conseqüência, existe uma precarização das condições de trabalho, pois aqui não há estabilidade na empresa.

Entretanto, não se pode olvidar que, com essa forma produtiva, existe uma mais valia clara, posto que há, concomitantemente, uma diminuição dos gastos e um aumento da produtividade.

---

[139] TOFFLER, Alvin. *A Terceira Onda*. 15. ed. Rio de Janeiro: Record, 1995.

[140] WOMACH, James. *et alli*. *The Machine That Chanced the World*. Nova Iorque: Macmillan Publishing, 1990, p. 13.

Para se chegar a tal resultado, imprescindível a utilização de equipamentos de última geração.

O que se assevera nessas poucas linhas é que o fruto do supracitado ganho adicional deva ser dividido entre todos os atores da cadeia produtiva, ou seja, não se pode destinar todo o aumento na lucratividade para o empresariado em detrimento dos trabalhadores, porque se houver uma estagnação no mercado consumidor – formado, no mais das vezes, por empregados – duas são as tendências mais sentidas: a recessão e a conseqüente queda nas vendas, fatores que acarretariam um indesejado efeito seqüencial, a saber: – queda do nível de emprego, porquanto as empresas teriam que minguar seus gastos para fazer frente a suas parcas vendas => não escoamento dos estoques das empresas => redução dos diversos impostos estatais => abandono do Poder Público de uma série de metas, posto não possuir verba para a consecução de suas atribuições.

Este é apenas um quadro simplificado e exemplificativo dos problemas por que passariam a sociedade. Seria o verdadeiro caos.

Quem destaca a supremacia japonesa na reestruturação do sistema produtivo é Maria da Conceição Tavares, ao afirmar que:

> As tendências na divisão internacional do trabalho estão se desenhando a partir de duas mudanças estruturais básicas: a chamada Terceira Revolução Industrial e uma nova onda de transnacionalização. O esforço de modernização do Japão dirigiu-se em ambas as direções com sucesso fulminante.[141]

E a causa maior do surgimento desse *novel* modelo de produção, foi a derrota japonesa na Segunda Guerra Mundial e sua conseqüente necessidade de soerguimento. Tanto isso é fato que os autores asseveram que a Alemanha – igualmente derrotada em 1945 – foi o país que mais se aproximou do desenvolvimento nipônico. Mais uma vez se prova que a superação humana em situações adversas tem trazido benefícios até mesmo na seara da economia política. No caso em apreço, a necessidade de levantar das cinzas fez surgir um país economicamente forte e estável.

6.3. Os blocos econômicos e sua importância para o nível de emprego

Verificava-se, em tempos idos, que a interação e a cooperação entre os países era mais marcante e nítida na seara bélica e ocorria basicamente em períodos de guerra declarada.

---

[141] TAVARES, Maria da Conceição; FIORI, José Luís. *(Des)Ajuste Global e Modernização Conservadora*. Rio de Janeiro: Paz e Terra, 1996, p. 47.

Com o passar dos tempos, verificou-se a necessidade de uma maior cumplicidade entre os Estados-Nações, mesmo em períodos de calmaria nas relações diplomáticas e militares. Tal fato deu-se em função de se tomar consciência da fragilidade dos países isoladamente considerados e de sua força, quando atuando conjuntamente.

Surgiram, então, os processos de integração regional nos seus mais variados estágios evolutivos, passando desde uma mera zona de livre comércio, onde se verifica uma abolição tributária entre os países, e chegando até ao caso da União Européia, caracterizado pela existência de uma moeda única, integração política e adoção de instituições supranacionais. No caso europeu, também houve a abolição das barreiras alfandegárias e há livre trânsito dos serviços, dos bens, do capital e das pessoas.

A formação dos aglomerados de países, conjuntamente com uma série de fatores como a volatilidade do capital e uma expansão do Direito de Integração Regional, podem ser sintetizados em uma expressão: "globalização econômica", que vem causando uma revolução total na conceituação da Soberania dos Estados-Nações, influenciando mudanças no perfil do trabalho e de seu respectivo contrato, e inovando, outrossim, nas órbitas do Direito Comercial e do Direito Tributário.

Após esta estampa histórica da globalização e dos blocos econômicos, mister enveredar no ponto crucial desse tópico: a correlação entre a formação dos blocos econômicos e o nível mais ou menos elevado de emprego.

Se em um pólo da ideologia neoliberalista, que lastreia a era globalizante, encontra-se a necessidade de fortalecimento dos blocos econômicos para fazer frente aos demais conglomerados de países, de outro surge o gravame de se enxugar a máquina produtiva, barateando as despesas.

Nesse particular, a República Federativa do Brasil vive um momento muito especial, com a implantação do contrato temporário de trabalho, além de outras normas que visam a redução do chamado "custo Brasil". A referida inovação no trato ou na tratativa contratual do trabalho é uma imposição da nova realidade mundial. Ressalte-se que a tendência é a primazia da vontade negociada entre sindicatos patronais e de empregados em detrimento das normas inseridas na CLT.

Os neoliberalistas teorizam que não se pode conter todo o processo de globalização mundial, e que o desemprego é algo inevitável. Aduzem, ainda, que as pessoas que lutam contra o avanço globalizante não têm uma visão prospectiva, revisitando discussões ultrapassadas.

Quem traz uma alusão metafórica muito pertinente é José Catharino ao afirmar que:

Esse apego ao passado justifica o título 'lanterna de popa' das crônicas do esclarecido 'neoliberalista' Roberto Campos. Lanterna na popa para iluminar o que está atrás, e não na proa, o que está na frente...[142]

Destarte, pode-se inferir que existe – via de regra – uma grandeza diretamente proporcional entre o nível de adesão de um país a um grupo econômico forte como o NAFTA, o Mercosul ou a União Européia, e a derrocada no nível de emprego.

Como conseqüência psicossocial existe um temor crescente da perda dos empregos e a conseguinte submissão do empregado aos ditames traçados pelos seus empregadores, o que fez reduzir, em nível global, a importância das instituições sindicais.

A implementação da técnica de ponta acarreta igualmente tal sensação de desemprego iminente. Com efeito, na atual conjuntura, a troca de tecnologia gera, além do desemprego, o sentimento de insegurança do emprego.

6.4. Desemprego: a grande preocupação mundial do fim do século XX e princípio do século XXI

O desemprego tecnológico tem atemorizado os mais diversos níveis de trabalhadores.

Em um primeiro estágio, verificou-se o declínio do mercado de trabalho apenas e tão-somente nos casos de ofícios em que se exigia pouca ou nenhuma qualificação profissional específica.

Contudo, nos dias atuais, além da demissão desses trabalhadores menos qualificados, vislumbra-se um futuro quase tão incerto para as pessoas que tiveram acesso aos meios de preparação intelectual e profissional.

A globalização econômica, a automação e a interdependência monetária vivida nos dias atuais são fortes indícios de que a perda do emprego pode estar rondando a vida de qualquer trabalhador.

Antevendo toda essa situação e com louvável sensibilidade, o constituinte pátrio de 1987/1988 disciplinou – no artigo 7º, o inciso XXVII da Norma Ápice –, a necessidade de se utilizar mecanismos para salvaguardar o trabalhador da evolução tecnológica.

---

[142] CATHARINO, José Martins. *Neoliberalismo e Seqüela: privatização, desregulação, flexibilização e terceirização*. São Paulo: LTr. 1997, p. 31.

Entretanto, estes mesmos congressistas, quando da elaboração da Constituição Federal vigente, ao disciplinarem o tema em exame, cometeram temerários equívocos, que devem ser destacados.

Primeiramente, utilizaram o termo "automação", originário do saxão *automation,* significando o sistema automático pelo qual os mecanismos controlam o seu próprio funcionamento, quase sem interferência humana. No entender deste escrito, a opção vocabular adequada seria o verbete "automatização", expressão mais apropriada para a gradativa implantação de equipamentos tecnológicos em indústrias.

Em segundo lugar, o ato que se aparenta mais enganoso com relação ao dispositivo constitucional em apreço diz respeito a toda expressão "proteção em face de automação". Sim, parte-se da idéia de que a automação seria um mal em si, e não o é, sendo, em última análise, benéfica, pois, sem ela, haveria uma quebra da evolução tecnológica.

É bem verdade que a automação pode trazer e vem, efetivamente, trazendo efeitos danosos, não podendo, contudo, ser vista como uma portadora do germe da nocividade. O texto ora escrito, apesar de fazer ressalva a expressão constitucionalmente empregada, a utiliza com o intento de ser fiel ao direito positivo.

Muito se tem falado acerca da importância da regulamentação do princípio da proteção em face da automação, competência do legislador ordinário.

Não obstante a relevância do disciplinamento do aludido dispositivo constitucional, de muito mais valia seria uma mudança conjuntural na sociedade, já que o desemprego, principal receio decorrente da automação, não será contido por imposição legal. Tal fato foi comprovado com a adesão brasileira à Convenção nº 158 da Organização Internacional do Trabalho (OIT), que vedava do despedimento sem justo motivo.

É de geral sabença que o Brasil foi signatário de tal Tratado por um ínfimo decurso temporal, sobrevindo, logo em seguida, a denunciação desse comando normativo supracional, tudo como já explanado no item 4.4 deste escrito.

Como é usual em trabalhos monográficos, além do diagnóstico ou constatação do problema, é de bom alvitre a colocação de sugestões para se minimizar os reflexos negativos.

In casu, não é bastante afirmar que a globalização desencadeou o processo de automatização e que esta trouxe, como principal reflexo negativo, a elevação dos níveis de desemprego. Faz-se mister apresentar algumas sugestões ou medidas que poderiam produzir efeitos práticos no sentido de manter os postos de serviço atualmente existentes e/ou abrir novas frentes de trabalho. É o que se permite fazer quando da apresentação das considerações finais.

Registre-se, oportunamente, que não se tem a presunção de citar à exaustão as medidas que serviriam de salvaguarda do mercado de trabalho humano, mormente tratando-se de tema tão polêmico e ainda em ebulição.

O que se pretende com a elaboração do elenco exemplificativo encartado ao final deste trabalho monográfico é deixar um contributo, mínimo que seja, para que haja a observação empírica das propostas ora formuladas. Sim, seria uma forma para se constatar, no futuro, se estas proposições se mostraram suficientes ou não para conter ou mesmo diminuir a onda do desemprego enfrentada nos hodiernos dias.

Para se traçar um perfil do grau de preocupação quanto à perda dos postos de trabalho, forçoso adunar a este escrito um recente, minucioso e complexo estudo sobre os níveis de desemprego, subemprego e outras mazelas que decorrem, direta ou indiretamente, da automatização e do novo perfil do emprego. Tal apreciação foi firmada com base em dados colhidos perante o Instituto Brasileiro de Geografia e Estatística (IBGE).

É fato que alguns outros países encontram-se em situação ainda mais precária do que a nossa, pois não se está discutindo o desemprego, mas sim, o fechamento de um posto de serviço, que não será reaberto.

A Argentina – por exemplo – alcançou, em dezembro de 2001, um dos índices mais alarmantes já reconhecidos pelo seu Governo. A taxa de desocupados que integram a população economicamente ativa é de 18,3%. Implantou-se verdadeiro clima de comoção social, com a proliferação de saques e a necessidade de decretação de Estado de Sítio.

A Espanha, por sua vez, chegou – segundo os índices oficiais do governo espanhol – a patamares de 22% de desempregados. A França e a Alemanha enfrentam, o mesmo problema, que é um pouco amenizado naquela, pois existe um seguro desemprego mais vultuoso e que permite um mínimo de paz social.

Entretanto, não se pode pretender a ociosidade remunerada, posto que haveria um grupo de pessoas mourejando e, com o seu esforço, através da cobrança de impostos, sustentando os demais que não conseguirem ser absorvidos pelo mercado de trabalho.

Buscando uma outra alternativa para o enfrentamento da realidade globalizante, os mais renomados autores do direito material do trabalho teorizam ser imprescindível uma reestruturação no jus laboral, além de mudanças nas relações de trabalho.

Direito Constitucional do Trabalho
ASPECTOS CONTROVERSOS DA AUTOMATIZAÇÃO

6.5. Mudanças no direito laboral: desregulamentação e flexibilização do contrato de trabalho

É inconteste que a globalização da economia trouxe consigo mutações no plano das relações de trabalho. Uma das mudanças mais ventiladas, hodiernamente, é a da desregulamentação do Direito do Trabalho, que é consubstanciada na menor ingerência do Estado na relação empregatícia.

Inicialmente, torna-se imprescindível distinguir a desregulamentação do direito trabalhista, da flexibilização do mesmo ramo do saber jurídico, mormente porque existem diversos estudos tratando os institutos em questão com sinonímia.

Como expressões da corrente que entende pela similaridade entre a desregulamentação e a flexibilização, poder-se-ia destacar os pensamentos de Nelson Mannrich[143] e Nei Martins.[144]

Confirmando o que se assevera, permite-se transcrever as lições da lavra do Nei Martins, senão vejamos:

> Flexibilização e desregulamentação compõem o mesmo fenômeno, qual seja, a busca de modificações na relação trabalhista, tendentes à gradual redução da proteção estatal, substituída pela presença maior da autonomia privada individual e coletiva. Vale dizer, ambos os termos estão a significar o movimento que propugna pela diminuição gradativa da presença do Estado no campo das relações do trabalho, de modo que essas relações tenham a regrá-las principalmente à vontade dos empregados e dos empregadores, representados, no plano coletivo, pelas instituições sindicais. Flexibilizar significa também desregulamentar, ou seja, reduzir o número de normas estatais de proteção ao trabalho.
> Em outras palavras, flexibilização e desregulamentação constituem um processo, que busca chegar a um resultado final: permitir que a relação trabalhista seja normatizada pela vontade dos interlocutores sociais, subsistindo apenas uma ou outra norma estatal para regrar o básico.
> Flexibilização ou desregulamentação nada mais é do que o braço estendido da globalização dentro do campo das relações de trabalho.

Permissa venia, mesmo respeitando as ponderações que tentam servir de lastro para a igualdade terminológica acima defendida, este escrito ousa

---

[143] Segundo MANNRICH, N. "a flexibilização transformou-se num dos mais instigantes temas do Direito do Trabalho, pelo seu fascínio ideológico, independentemente da dogmática jurídica. Esse fenômeno, também conhecido por desregulamentação, Direito do Trabalho da crise ou da emergência, impacto da crise econômica, impacto das novas tecnologias, contratos atípicos, direito da adaptação, segundo as mais diversas ideologias, vêm revolucionando o Direito do Trabalho em face dos impactos provocados pela crise econômica". (texto extraído de *A modernização do contrato de trabalho.* São Paulo: LTr, 1998, p. 72.

[144] MARTINS, Nei Frederico Cano. *Os princípios do direito do trabalho e a flexibilização ou desregulamentação. Revista LTr*, São Paulo, v. 64, p. 847-853, 2000, p. 849.

discordar do professor paulista. Sim, deixa-se claro que os verbetes em confronto não podem ser utilizados com igualdade conceitual.

Com efeito, desregulamentar mais se amolda à retirada da normatização estatal no que toca ao disciplinamento do contrato de trabalho, ou seja, seria a abstenção do Estado no que tange ao regramento das relações jurídico-laborais.

Voltar-se-ia no tempo e seria permitido o ajuste direto entre empregado e empregador. Sim, o Estado não mais teria a função de ditar os comandos jurídicos cogentes, caracterizados pela imperatividade absoluta e pela impossibilidade de sua revogação pela vontade dos particulares.

Flexibilizar, por seu turno, seria quebrar a rigidez da norma trabalhista. Seria um abrandamento do princípio protetivo do Direito do Trabalho, que é posto em favor dos hipossuficientes da relação de emprego, tudo com vistas a permitir que a legislação trabalhista não venha a impedir uma adequação do trato empregatício às vicissitudes sociais e econômicas.

O Estado não deixaria de regulamentar o trato empregatício, mas anuiria com uma interpretação menos inflexível dos direitos e garantias dos trabalhadores.

Quem bem aborda a questão conceitual da flexibilização é Luiz Carlos Robortella, para quem a flexibilização do Direito do Trabalho é:

> O instrumento de política social caracterizado pela adaptação constante das normas jurídicas à realidade econômica, social e institucional, mediante intensa participação de trabalhadores e empresários, para eficaz regulação do mercado de trabalho, tendo como objetivos o desenvolvimento econômico e o progresso social.[145]

Ressalte-se que a flexibilização do direito do trabalho brasileiro é premente, vez que a principal norma reguladora do pacto de emprego é a Consolidação das Leis do Trabalho, que foi escrita em 1943, período histórico muito diverso da atualidade e tendo sido fortemente influenciada pela *Carta Del Lavoro* italiana, que além de possuir contornos cristalinamente fascistas, está totalmente em descompasso com a nova realidade mundial.

A própria Itália modificou – no pós-guerra – os seus comandos normativos no que toca ao trabalho, o que não ocorreu no Brasil, pois a Consolidação das Leis do Trabalho sofreu alterações pontuais, mantendo-se incólume com relação ao seu espírito protecionista do contrato de trabalho formal e já ultrapassado.

---

[145] ROBORTELLA, Luiz Carlos Amorim. *Flexibilização da Norma Constitucional e Garantia de Emprego*. In: Manuel Jorge e Silva Neto (organizador). *Constituição e Trabalho*. São Paulo: LTr, p. 146-155, 1998.

Direito Constitucional do Trabalho
ASPECTOS CONTROVERSOS DA AUTOMATIZAÇÃO

Para que se tenha uma idéia do engessamento da legislação consolidada, o artigo 468 veda a modificação do contrato de trabalho que venha a prejudicar o empregado, mesmo que ele concorde com tal mudança.

Pode-se concluir que a total retirada do Estado das rédeas das normas contratuais do trabalho, já que se pugna pelo Estado mínimo, deixando aos agentes da relação empregatícia (empregado e empregador) a tarefa de convencionarem pessoalmente ou por meio do sindicato as cláusulas do contrato de labor não seria recomendável, mormente em tempos de queda da influência sindical.

Com o as associações representativas da categoria profissional em vertiginosa perda de importância, somando-se ao temor da perda do emprego e a formação de um exército de reserva de um exército de reserva cada vez maior, estaria pintado o quadro desejado pelo empresariado para retirar toda a sorte de direitos conquistados ao longo do tempo, às custas de muito suor, lágrimas e sangue.

O presente texto, até por uma fidelidade às lutas travadas para a consagração dos direitos dos trabalhadores em todo o mundo não pode se filiar a corrente de completa omissão legiferante estatal.

As regras básicas do contrato de trabalho devem continuar a ter uma expressa previsão legal, até porque o Direito do Trabalho, muito embora seja oriundo do Direito Civil, tem livre penetração e trânsito tanto no Direito Público, quanto no Direito Privado, razão mais do que suficiente para uma efetiva participação do Estado no delineamento de uma plêiade de direitos e garantias mínimas aos trabalhadores.

Por outro lado, entende-se que a flexibilização do Direito do Trabalho, além de uma realidade indissociável dos tempos modernos, não traria tantas mazelas à classe operária como profetizam alguns doutrinadores. Parece provável que a menor rigidez desse ramo do Direito venha servir de incentivo para a contratação de novos trabalhadores.

Um exemplo que pode comprovar a eficácia da flexibilização diz respeito à jornada de trabalho.

A França reduziu recentemente sua jornada de trabalho semanal, o que pelos menos tenderá a manter os empregos já existentes. Outros países anualizaram sua jornada de trabalho, como a Costa Rica.

Nos meses em que a economia do país está retraída os trabalhadores laboram menos, e recebem os salários normalmente e, em contrapartida, nos meses em que existe um aquecimento na economia, pode haver uma jornada mais dilatada, sem que se caracterize a sobrejornada ou a hora extra.

Tal situação já é admitida no ordenamento laboral brasileiro, como já explanado no item 5.3 deste texto e tem produzido bons frutos no sentido de coibir demissões. É uma prova que a flexibilização, quando bem conduzida e não com contornos de precarização, pode ser utilizada até como escudo do hipossuficiente da relação de emprego. Esta monografia é, portanto, favorável a uma responsável maleabilidade das normas contratuais.

Pode-se sintetizar a diferenciação dos termos ora cotejados, sabe-se que na flexibilização:

> Sobrevive a legislação de proteção ao trabalho com algumas normas gerais irrenunciáveis e outras que admitem as adaptações precitadas; na desregulamentação o Estado não intervém nas relações de trabalho para que a autonomia privada, coletiva ou individual, disponha sem limitações legais sobre as condições de trabalho.[146]

Ainda reforçando esta assimetria entre a desregulamentação e a flexibilização, faz-se mister relembrar os escritos de autoria de Sérgio Martins, segundo o qual:

> Diferencia-se a flexibilização da desregulamentação das relações de trabalho. Desregulamentar tem o sentido de desprover de normas heterônomas as relações de trabalho. As próprias partes é que estabelecerão as regras para reger suas relações. Na flexibilização, são alteradas as regras existentes, diminuindo a intervenção do Estado, porém garantindo um mínimo indispensável para que o empregado possa sobreviver, além de uma proteção mínima necessária. A flexibilização é feita com a participação do sindicato. A desregulamentação das condições de trabalho não poderá, porém, implicar a precarização do trabalho. Na flexibilização, os direitos trabalhistas podem ser alterados, com exceção de direitos mínimos, nas hipóteses dos incisos VI, XIII e XIV do artigo 7º da Constituição, mediante compensação com outras vantagens e assistência do sindicato.[147]

Frise-se, outrossim, que a flexibilização já foi prevista na Carta Magna vigente, mormente quando o artigo 7° dispõe sobre a possibilidade de compensação de horários e da redução dos salários, quando por acordo ou convenção coletiva de trabalho.

José Maciel, defensor da classe operária, abordando o tema da flexibilização, aduz que:

> Existe um movimento mundial no sentido de se deslocar, cada vez mais, o direito do trabalho da lei para o contrato, mas sempre respeitados os princípios básicos em defesa do trabalhador.[148]

---

[146] BONFIM, Benedito Calheiros. *Globalização, Neoliberalismo e Direitos Sociais*. Rio de Janeiro: Destaque, 1997, p. 43.

[147] MARTINS, Sérgio Pinto. A Continuidade do Contrato de Trabalho. São Paulo: Atlas, 2000, p. 325.

[148] MACIEL, José Alberto Couto. *Desempregado ou Supérfluo? Globalização*. São Paulo: LTr, 1998, p. 74.

Ultrapassada a análise da nomenclatura da flexibilização e da desregulamentação, é de bom alvitre citar quais seriam as principais causas da flexibilização. Segundo José Ribeiro de Campos, autor com o qual esta dissertação concorda totalmente, seriam quatro as causas primordiais da flexibilização, sendo elas: a crise econômica mundial; as mudanças tecnológicas; a competição na economia internacional e o aumento do desemprego.[149]

Outra questão que tem suscitado recentes abordagens sobre a flexibilização é a proposta de mudança na Legislação Trabalhista Brasileira, que defende a primazia do que for pactuado entre empregado e empregador, por meio de negociação colegiada, em detrimento dos dispositivos legais. Em linhas gerais, as normas trabalhistas, que hoje possuem natureza cogente, passariam a ter contornos dispositivos, porquanto poderiam, por intermédio dos grêmios sindicais, ser alteradas pela vontade das partes.

Até o momento da conclusão deste texto o projeto de implantação da prevalência da negociação coletiva sobre a lei (norma trabalhista infraconstitucional) tinha sido aprovado pelo Congresso Nacional, mas ainda carecia da sanção do Presidente da República e, por conseguinte, ainda não estava incorporado ao ordenamento jurídico brasileiro.

Muito embora seja assunto recente no que tange ao trato empregatício brasileiro, merece destaque o estudo já perpetrado pelo professor Luiz Carlos Robortella, onde ele advoga a tese de que o intervencionismo estatal, modelo de regramento das relações laborais no Brasil, é totalmente ultrapassado, necessitando de reformas urgentes e de fôlego, tanto no plano constitucional, quanto na esfera infraconstitucional.

Dentre as mudanças propostas pelo jurista paulistano tem-se a edição de emenda constitucional com o objetivo de: a) defender a plena liberdade sindical, como fator preponderante para fortalecer a estrutura do sindicalismo brasileiro; b) extinguir o monopólio de representação gerado pelo princípio, hoje vigente, da unicidade sindical; c) suprimir qualquer imposto sindical obrigatório, eis que os contributos monetários tornar-se-iam espontâneos; d) extinguir o poder normativo atualmente conferido à Justiça do Trabalho, que poderia atuar como mediadora nos casos em que as partes negociantes entendessem necessário; d) conferir competência para que a Justiça Laboral pudesse dirimir conflitos de interesses ligados aos sindicatos, o que ampliaria o campo de atuação material previsto no art. 114 da Lei Fundamental vigente; e) previsão constitucional expressa de instâncias extrajudiciais prévias e imprescindíveis de negociação e media-

---

[149] CAMPOS, José Ribeiro. As principais manifestações da flexibilização das normas trabalhistas no Brasil. *Revista da Faculdade de Direito de São Bernardo do Campo*. São Bernardo do Campo, Vol. 6 – Tomo II, p. 194-209, ISSN 1516-0947, 2000.

ção nos dissídios individuais, o que colocaria um termo final na discussão da constitucionalidade da Lei 9.958, de 12 de janeiro de 2000, a qual defende que qualquer demanda trabalhista será submetida a Comissão de Conciliação Prévia, desde que haja na localidade, referido órgão plural, sob pena de extinção do feito sem abordagem de mérito; f) redirecionamento de toda a matéria previdenciária para a ordem social da Carta Magna, não mais havendo previsões desta feição no art. 7º da Lei Cume; g) supressão de referência aos itens que deverão ser alcançados com o salário mínimo, bem como retirada de previsão constitucional dos prazos prescricionais, posto que tais matérias são de índole ordinária; h) extirpação da previsão constitucional de que o repouso semanal remunerado recaia preferencialmente aos domingos; i) supressão do tipo penal da retenção intencional do salário, porque o Código Penal seria o Digesto Legal mais apropriado para tipificar a conduta delituosa; j) ampliação do espectro de repressão à qualquer tipo discriminatório na relação de emprego e desquantificação dos percentuais incidentes sobre férias, adicional de horas extras e congêneres, eis que seriam negociados livremente entre empregados e empregadores, por meio de seus representantes sindicais.

No que toca ao ordenamento infraconstitucional trabalhista, o autor apenas defende a hierarquização dos comandos normativos em quatro esferas.

Extraí-se, das propostas citadas acima, que o principal item está ligado a desconstitucionalização das normas trabalhistas. Sabe-se que as normas trabalhistas não possuem essência constitucional, sendo que têm este status por questão formal. Contudo, não se pode perder de vista que esta tendência é deveras preocupante, posto que existe uma inobservância de garantias dos trabalhadores urbanos e rurais, mesmo estando elas dentro do *habitat* constitucional. Se elas tiverem um rebaixamento da hierarquia positiva a perspectiva é que o descumprimento seja estimulado.

6.6. Conclusões do capítulo

Ao término das linhas anteriormente escritas, pode-se tirar, resumidamente, as seguintes ponderações conclusivas:

1) Não existe confiabilidade nas catastróficas alegações de que o trabalho irá se acabar em breve. Serão descobertas novas profissões, enquanto que algumas das atuais tenderão a se extinguir. A prova maior disto é a taxa de crescimento dos Estados Unidos da América que, contrariando todas as perspectivas, estão majorando os postos de serviço;

2) Não é factual a idéia de que haverá um novo pacto social em que o trabalho deixará de ser relevante e todos poderão dedicar-se ao seu diletantismo pessoal. Igualmente, a tese de que cada país deveria se responsabilizar pela produção de um produto em escala mundial carece de lastro econômico;

3) A passagem do fordismo para a enxuta produção do toyotismo foi o prenúncio da necessidade de se racionalizar o uso da mão-de-obra. Somando-se a tal fator a utilização crescente da técnica de ponta, caracterizadora da automatização produtiva, emergiu um efeito social marcante: a abrupta queda no nível de empregos;

4) A junção dos países em blocos econômicos acirrou a competição entre eles, o que gerou a busca incessante por novos mercados consumidores que, só seriam alcançados e mantidos com a redução dos custos, além de uma maior produtividade pela utilização de máquinas de última geração. Tudo isso tendo uma conseqüência direta: o desemprego;

5) Existe uma preocupação mundial com a problemática do desemprego, posto que ele não está atingindo apenas os trabalhadores menos qualificados, atemorizando, de igual maneira, pessoas com alto nível de empregabilidade (aptidão para se adaptar a uma variada gama de profissões). Essa realidade não desabona a tese da necessidade de qualificação da mão-de-obra, pelo contrário, a reforça, pois se até as pessoas mais gabaritadas estão perdendo seus postos de serviço, com muito maior facilidade os menos preparados irão, com muito mais certeza, compor a massa de excluídos do mercado produtivo;

6) As mudanças no campo do trabalho e do Direito correlato são inevitáveis. Entretanto, deve-se fazer uma criteriosa utilização de meios modificativos. Não se entende benéfica a retirada completa do Estado na regulamentação do pacto laboral, todavia entende-se que uma maior moderação na rigorosa aplicação dos comandos normativos, ou seja, a flexibilização do Direito Obreiro, seria de bom alvitre para se manter o emprego;

7) Há uma clara redução da intervenção do Estado no que diz correlação com o trato empregatício, como clara conseqüência de ideais neoliberais;

8) A automação refletirá em efeitos danosos. Entretanto os mesmos serão em menores proporções do que se especula, já que, mesmo ocorrendo o desemprego em determinados setores da atividade laboral, haverá, em contrapartida, a necessidade crescente de pessoal em outros setores. O processo automotivo está, no tocante ao mercado de trabalho hodierno, propiciando uma verdadeira revolução das relações de emprego e dos meios de produção, fazendo-se valer o velho ensinamento de Charles

Darwin sobre o processo de seleção natural, pois, se, no Mundo, continuam vivos os animais mais evoluídos, continuará empregado apenas aquele que tiver, *pari passu*, acompanhado o avanço tecnológico. É o que se poderia chamar de processo de seleção, não mais natural, e sim tecnológico ou humano. A automação é um processo em que o Mundo está inserido, pois os países que se insurgirem contra ele estarão caminhando na "contra-mão" da História. O que se espera é que todos possam tirar proveito dessa nova realidade tecnológica, possibilitando uma convivência harmoniosa entre os homens e as máquinas, utilizando-se estas como melhoria nas condições de vida daqueles e não como ameaça de qualquer ordem.

Considerações finais

O leitor já deve ter observado que as conclusões da obra estão dispostas ao final de cada capítulo.

Todavia, entende-se que seria adequado fechar o escrito com as propostas referidas no item 6.4, sendo estas as considerações finais sobre a necessidade de manutenção do mercado de trabalho humano, mesmo num cenário de incremento da desocupação estrutural.

Sim, acredita-se que satisfatórios efeitos práticos seriam sentidos com a observância dos itens relacionados abaixo,[150] posto que – no entender deste escrito – as proposições a seguir enumeradas, como números abertos, atacariam o cerne do problema, modificando fundamentalmente a mentalidade social como um todo:

1) Seria premente a instituição de uma política criteriosa para o ensino, o treinamento e a capacitação profissional para as inovadoras atividades humanas que venham a surgir no decurso do progresso de automação, criando disciplinas curriculares obrigatórias para a formação de mão-de-obra qualificada;

2) Deveria haver efetivo apoio à pesquisa universitária, no que tange ao processo produtivo do país, atribuindo ao ensino superior brasileiro parcela da responsabilidade na preparação de técnicas avançadas e que possam ser dominadas por um crescente número de usuários trabalhadores;

3) Há de ser vislumbrada uma justa divisão com os empregados dos ganhos de produtividade resultantes dos avanços tecnológicos, reduzindo-se a jornada de trabalho, aumentando-se o valor real dos salários e melhorando as condições de trabalho, notadamente as concernentes à segurança do trabalhador.

---

[150] Este estudo incorporou algumas propostas firmadas por Sérgio Pinto Martins. *in*: A Continuidade do Contrato de Trabalho e por Francisco Osanir de Lavor no seu escrito "Proteção em Face da Automação" (Direito Constitucional do Trabalho. Vol. II, organizador Aluízio Rodrigues, p. 127/132).

O presente item pode aparentar ser, ao leitor precipitado, além de utópico, um contra-senso, pois como se poderia diminuir a jornada de trabalho e, ao mesmo tempo, aumentar o valor real dos salários? A resposta apresenta-se cristalina e simples, pois, com a implantação das novas tecnologias, haverá, indubitavelmente, um acréscimo na margem de lucro do empresariado: é a chamada "mais-valia".

A categoria patronal deve atentar para o fato de que é mais benéfico, no atual contexto, manter-se um subordinado dito dispensável que despedi-lo, isto porque caso todos os empresários, por terem suas fábricas automatizadas, resolvessem dispensar seus empregados, haveria uma abrupta redução do mercado consumidor, o que geraria, via de conseqüência, grave desequilíbrio entre a oferta e a procura. Haveria uma crise de vendas e a inevitável quebra de muitas empresas.

Para o crescimento do faturamento das indústrias, além da implantação da automação, deve-se aumentar o poder de compra do mercado consumidor, prestigiando-se o trabalhador, pois é ele quem impulsiona todo o mercado, desde a confecção do produto até a compra do mesmo, uma vez que, por mais avançadas que as máquinas sejam, elas jamais se encontrarão no final da cadeia mercadológica, não podendo, portanto, comprar.

Alguns países já atentaram para a necessidade de prestigiar o empregado e seu emprego. Citar-se-ia, a título exemplificativo, o Japão, que, salvo a imprecisão dos dados, tem taxa de desemprego em torno de 3% mesmo mantendo os *madogiwazoku* (tribo da janela), empregados desnecessários e que são pagos, por estarem no recinto do trabalho, mesmo sem nada fazerem. Segundo o próprio Poder Público nipônico, se não houvesse o sentimento no empresariado japonês de que é desonroso despedir o nível dos alijados da cadeia produtiva chegaria a 7%. O governo e o empresariado japonês mantém tais empregados, pois têm ciência das conseqüências econômicas e sociais da demissão em massa;

4) Haveria de ocorrer uma cooperação entre a iniciativa privada e o poder público resultando, através do aprimoramento do seguro-desemprego, em uma maior assistência aos desempregados.

Poder-se-ia questionar se essa sugestão não oneraria o Poder Público? Responde-se negativamente, visto que tal aprimoramento basear-se-ia na "mais-valia" oriunda do processo de automação, dando-se da seguinte forma: parcela do lucro advindo da automação seria destinada à formação de um fundo monetário. Tal lastro financeiro seria utilizado para, juntamente com o atual montante pago pelo governo, permitir e incentivar o trabalhador despedido a trilhar o próprio caminho, podendo, inclusive, montar uma microempresa.

Outrossim, poder-se-ia tentar refutar tal idéia posto que haveria mais um encargo para o empregador, o que não se coaduna com a tentativa de diminuir o "custo Brasil" e que, com a volatilidade do capital, seriam contratados empregados em/de outros países, principalmente com a possibilidade de livre trânsito de trabalhadores em período de mercado comum.

Contudo, deve-se ressaltar a importância do Direito Internacional do Trabalho para se transpor – sem maiores dificuldades – o obstáculo argüido. A repartição da mais valia deveria ser efetivada no nível global, por meio de um Tratado multilateral, impondo-se restrições ou embargos econômicos para com aqueles países que apoiarem a excessiva concentração de rendas e riqueza.

É uma hipótese que serviria de paliativo para o problema, havendo a necessidade de, ao longo do processo de automação e com a constatação das dificuldades, fazer-se uso de outros meios de proteção do trabalhador. Para tanto, torna-se indispensável uma constante monitoração do processo de implantação de novas tecnologias, podendo-se, paulatinamente, adequar a legislação às fases do processo em análise.

5) Seria necessária uma redução da jornada de trabalho, conferindo ao trabalhador um tempo adicional livre, onde se poderia exercitar o chamado "ócio criativo";[151]

6) Haveria de existir uma limitação ou até mesmo vedação do labor prestado em sobrejornada, salvo em casos decorrentes da teoria da imprevisão;

7) Compensação da jornada, por meio de adoção de bancos de horas, conforme já previsto na Lei 9.601/1998;

8) A implementação do banco de dias. Registre-se que muito embora não exista previsão legal específica sobre a matéria em debate, a redação da Lei do Banco de Horas permite a compensação da jornada nos dias de um mesmo ano. É, indiretamente, a adoção do banco diário no ordenamento trabalhista pátrio.

9) A supressão temporária do trabalho, igualmente conhecida como *lay off*, que consiste no fato de o trabalhador ficar em disponibilidade por certo interregno temporal, até que haja a reversão do estado de saúde financeira da empresa e/ou do empregador. O Brasil já adotou esta prática, especialmente atrelando-a à capacitação do empregado, por meio de presença e aproveitamento em cursos de aperfeiçoamento profissional;

10) As férias coletivas serviriam para que a empresa empregadora se adequasse ao mercado consumidor. Dessarte, quando houvesse uma retração no consumo dos produtos fornecidos pela empresa, ela poderia conce-

---

[151] Ver item 3.7 do texto.

Direito Constitucional do Trabalho
ASPECTOS CONTROVERSOS DA AUTOMATIZAÇÃO

der férias coletivas para os seus mourejadores e, uma vez reaquecido o mercado de consumo, não mais seria necessário conceder ou pagar-lhes novas férias;

11) Trabalho por tempo parcial, experiência já presente na ordem interna, quando o labor é prestado em escala semanal não superior a 25 (vinte e cinco) horas e, em contrapartida, existe uma redução proporcional dos salários pagos. Registre-se que a Organização Internacional do Trabalho já previa, desde a Convenção de n° 175, de 1994, tal forma de contratualidade trabalhista.

12) A concordância, no plano da legislação tupiniquim, da divisão dos postos de trabalho, conhecido nos Estados Unidos da América como *job sharing*. Dois trabalhadores ocupam dois postos de serviço que poderiam ser destinados a um só empregado. A remuneração é dividida e novos empregos são criados.

13) Contratação por tempo determinado, circunstância já contemplada na Lei 9.601/98 e na Lei 6.019/74;

14) Aquilatamento das dificuldades para dispensar o trabalhador. Esta seria outra medida que permitiria a continuidade do contrato de trabalho. O aspecto que traria resultados mais efetivos seria um aumento da indenização para casos de rompimento do elo trabalhista sem justo motivo, como fator de desestímulo da quebra da contratualidade;

15) Constituir um grupo composto de técnicos, entidades de classes e especialistas em áreas de avanço tecnológico, tudo com o fito de promover um acompanhamento da evolução da tecnologia alienígena. Registrese que este mesmo colegiado teria a responsabilidade de – atento ao que for apreciado nos demais países – estabelecer um planejamento nacional para uma adequada política de automação;

16) Deixar a cargo das negociações coletivas de trabalho toda a matéria que não se cingisse aos parâmetros constitucionais, que seriam de índole inderrogável, posto que a Carta Magna estabeleceria as condições mínimas para a manutenção do trabalho humano em patamares de dignidade. Assim sendo, haveria um afastamento responsável da ingerência estatal no regramento das relações de trabalho;

17) Realização de cuidadosa análise, por meio da medicina e da engenharia de segurança do trabalho, das novas mazelas profissionais desencadeadas pelo aprimoramento da técnica;

18) A flexibilização do Direito do Trabalho torna-se premente para promover uma adaptação da relação de emprego à nova realidade econômica e as modificações tecnológicas;

19) Tentar fixar o homem no campo, com políticas públicas de incentivo ao produtor e criador campesino, como forma de evitar o êxodo

rural e a conseguinte prostituição do valor monetário da mão-de-obra assalariada;

20) Estimular a criação e o funcionamento das pequenas e médias empresas, posto que estas – não desfrutando de riquezas suficientes para automatizar a sua linha de produção – poderiam absorver significativo número de trabalhadores.

Referências bibliográficas

AGRA, Walber de Moura. *Manual de direito constitucional*. São Paulo: Editora Revista dos Tribunais, 2002.

ALENCAR, Maria Luiza Pereira de. *A constituição brasileira e a integração latino-americana: soberania e supranacionalidade*. João Pessoa: Editora Universitária/UFPB, 2001.

ALEXY, Robert. *Teoria de los derechos fundamentales*. Madrid: Centro de Estudios Constitucionales, 1993.

ALMEIDA, Antônio José (Org.). *Mercosul. Integração e impacto socioeconômico*. Petrópolis: Vozes, 1997.

ALVES, Giovanni. *O novo (e precário) mundo do trabalho: reestruturação produtiva e crise do sindicalismo*. São Paulo: Boitempo, 2000.

ANDRADE, Everaldo Gaspar Lopes de. *Curso de Direito do Trabalho*. 2. ed. São Paulo: Saraiva, 1992.

ANDRADE, José Carlos Vieira de. *Os direitos fundamentais na Constituição Portuguesa de 1976*. Coimbra: Almedina, 1998.

ANTUNES, Ricardo. *Os sentidos do trabalho: ensaio sobre a afirmação e a negação do trabalho*. 2. ed. São Paulo: Bontempo, 2000.

AQUINO, Rubim Santos Leão de, *et al. História das Sociedades: Das Sociedades Modernas às Sociedades Atuais*. 26. ed. rev. e atual. Rio de Janeiro: Ao Livro Técnico, 1993.

ARRUDA, Kátia Magalhães. *Direito Constitucional do Trabalho: sua eficácia e o impacto do modelo neoliberal*. São Paulo: LTr, 1998.

ASCENÇÃO, José de Oliveira. *O Direito – introdução e teoria geral: uma perspectiva luso-brasileira*. Rio de Janeiro: Renovar, 1994.

ASSIS, Araken de. *Garantia de acesso à justiça: benefício da gratuidade. In: Garantias constitucionais do processo civil*. José Rogério Cruz e Tucci (Org.). São Paulo: Revista dos Tribunais, 1999.

AZEVEDO, Plauto Faraco de. *Direito, Justiça Social e Neoliberalismo*. São Paulo: Revista dos Tribunais, 1999.

BACHOF, Otto. *Normas constitucionais inconstitucionais?* Tradução de José Manuel M. Cardoso da Costa. Coimbra: Almedina, 1994.

BARACHO, José Alfredo de Oliveira. Hermenêutica Constitucional. *Revista de Direito Público*, São Paulo, n. 59/60, p. 46-72, 1981.

BARROSO, Luís Roberto. *Constituição da República Federativa do Brasil Anotada*. São Paulo: Saraiva, 1998.

BELTRAN, Ari Possidonio. *Os impactos da Integração Econômica no Direito do Trabalho: Globalização e Direitos Sociais*. São Paulo: LTr, 1998.

——. Flexibilização, globalização, terceirização e seus impactos nas relações de trabalho. *Revista LTr*, São Paulo, v. 61, p. 490-495, 1997.

BERNARDO, João. *Transnacionalização do capital e fragmentação dos trabalhadores: ainda há lugar para os sindicatos?* São Paulo: Bontempo, 2000.

BESTER, Gisela Maria. *Cadernos de Direito Constitucional – Parte I: Teoria constitucional*. Porto Alegre: Síntese, 1999.

BOBBIO, Norberto. *Teoria do ordenamento jurídico*. 7. ed. Brasília: Universidade de Brasília, 1996.

——. *O positivismo jurídico: lições de Filosofia do Direito*. São Paulo: Ícone, 1995.

BONAVIDES, Paulo. *Curso de Direito Constitucional*. 10. ed. rev. atual. ampl. São Paulo: Malheiros, 2000.

BONFIM, Benedito Calheiros. *Globalização, neoliberalismo e direitos sociais*. Rio de Janeiro: Destaque, 1997.

BOURDIEU, P.; PASSERON, J. C. *Reproduction in education, society e culture*. Beverly Hills, CA: Sage, 1977.

BRANCO, Paulo Gustavo Gonet. *Aspectos de Teoria Geral dos Direitos Fundamentais*. In: *Hermenêutica Constitucional e Direitos Fundamentais*. Gilmar Ferreira Mendes, Inocêncio Mártires Coelho e Paulo Gustavo Gonet Branco. Brasília: Brasília Jurídica: Instituto Brasiliense de Direito Público – IDP, p. 103-194, 2000.

BRASIL, Constituição (1988). *Constituição da República Federativa do Brasil*: promulgada em 05 de outubro de 1988. Obra coletiva de autoria da Editora Saraiva com a colaboração de Antonio Luiz de Toledo Pinto, Márcia Cristina Vaz dos Santos Windt e Luiz Eduardo Alves de Siqueira. 27. ed. São Paulo: Saraiva, 2001. (Coleção Saraiva de Legislação)

BUEN, Nestor de. O estado do mal-estar. *Revista LTr*, São Paulo: LTr, v. 62, p. 612-618, 1998.

CABANELLAS, Guilhermo. *Derecho Sindical y Corporativo*. Buenos Aires: Biblioteca Argentina, 1959.

CAETANO, Marcello. *Direito Constitucional*. 2. ed. Rio de Janeiro: Forense, 2 v. 1987.

——. *Manual de Ciência Política e Direito Constitucional*. 6. ed. Tomo I. Coimbra: Almedina, 1996.

CAMARGO, José Márcio (Org.). *Flexibilidade do Mercado de Trabalho no Brasil*. Rio de Janeiro: Fundação Getúlio Vargas, 1996.

CAMPOS, Francisco. *Direito Constitucional*: Vol. II. São Paulo: Freitas Bastos, 1956.

CAMPOS, José Ribeiro. As principais manifestações da flexibilização das normas trabalhistas no Brasil. *Revista da Faculdade de Direito de São Bernardo do Campo*. São Bernardo do Campo, Vol. 6 – Tomo II, p. 194-209, ISSN 1516-0947, 2000.

CAMPOS, R.C. *A Luta dos Trabalhadores pela Escola*. São Paulo: Loyola, 1989.

CANOTILHO, J. J. Gomes. *Direito Constitucional e Teoria da Constituição*. 3. ed. Coimbra: Almedina, 1999.

——; MOREIRA, Vital. *Fundamentos da Constituição*. Coimbra: Coimbra, 1991.

CARNELUTTI, Francesco. *Teoria Geral do Direito*. São Paulo: Acadêmica, 1942.

CARRION. Eduardo Kroeff Machado. *Apontamentos de Direito Constitucional*. Porto Alegre: Livraria do Advogado, 1997.

CARVALHO, C.P. Ilusão da Escola e Realidade do Trabalho. *Revista ANDE*, São Paulo, ano 1, v. 1, ANDE, 1981.

CARVALHO, Kildare Gonçalves. *Direito Constitucional Didático*. 4. ed. Belo Horizonte: Del Rey, 1996.

CASTELO, Jorge Pinheiro. O Direito do Trabalho do século novo. *Revista LTr*, São Paulo, v. 65, p. 13-23, 2001.

CATHARINO, José Martins. *Neoliberalismo e Seqüela. Privatização, Desregulação, Flexibilização, Terceirização*. São Paulo: LTr, 1997.

CESARINO JÚNIOR, A. F. *Direito Social*. São Paulo: LTr, 1980.

COELHO, Bernardo Leôncio Moura. A fiscalização do Trabalho na globalização: o caso brasileiro. *Revista LTr*, São Paulo, v. 62, p. 54-58, 1998.

CORDEIRO, Antônio Menezes. *Manual de Direito do Trabalho*. Coimbra: Almedina, 1994.

CORDEIRO, Wolney de Macedo. *A Regulamentação das Relações de Trabalho Individuais e Coletivas no Âmbito do MERCOSUL*. São Paulo: LTr, 2000.

———. O paradoxo do modelo sindical neoliberal. *Revista LTr*, São Paulo, v. 61, p. 475-476, 1997.

CORREIA, Marcus Orione Gonçalves. *Direito processual constitucional*. São Paulo: Saraiva, 1998.

COSTA, Orlando Teixeira da. Novos rumos do sindicalismo no Brasil. *Revista LTr*, São Paulo, v. 61, p. 34-39,1997.

COVIELLO, Nicola, *Manuale di diritto civile italiano: parte geral*. 1924

CRETELLA JÚNIOR, José. *Doutrinas interpretativas do fenômeno jurídico*. São Paulo: Revista dos Tribunais, 1950.

CUNHA FILHO, Francisco Humberto. *Direitos culturais como direitos fundamentais no ordenamento jurídico brasileiro*. Brasília: Brasília Jurídica, 2000.

DELGADO, Mauricio Godinho. *Alterações contratuais trabalhistas*. São Paulo: LTr, 2000.

DENISON, Edward. *The sources of economic growth in the United States and the alternatives before us*. Committee for Economic Development, 1962.

DI PIETRO, Maria Sylvia Zanella. *Direito Administrativo*. 13. ed. São Paulo: Atlas, 2001.

DICKEN, Peter. *Global Schift*, Londres: Paul Chapman Publishing, 1989.

DINIZ, José Janguiê Bezerra. *O Direito e a Justiça do Trabalho diante da Globalização*. São Paulo: LTr, 1999.

DINIZ, Maria Helena. *Compêndio de Introdução à Ciência do Direito*. 8. ed. São Paulo: Saraiva, 1995.

———. *Norma Constitucional e Seus Efeitos*. 2. ed. São Paulo: Saraiva, 1992.

———. *As Lacunas no Direito*. São Paulo: Revista dos Tribunais, 1980.

DRUCKER, Peter. *Sociedade Pós-Capitalista*. São Paulo: Pioneira, 1993.

DÜRIG, Günter. Der Grundsatz der Menschenwürde. Entwurf eines proktikablen Wertsystems der Grundrechte aus Art. 1 Abs. I in Verbindung mit Art. 19 Abs. II des Grundgesetzes. *In*: *Archiv des Öffentlichen Rechts* (AÖR) n° 81 (1956).

ECO, Humberto. *Como se Faz uma Tese*. 15. ed. São Paulo: Perspectiva, 1999.

EHRLICH, Eugen. *Fundamentos da sociologia do direito*. Tradução de René Ernani Gertz. Brasília: UnB, 1986.

ENGISCH , Karl. *Introdução ao Pensamento Jurídico*. São Paulo: Calouste Gulbenkian, 1968.

ENTERRIA, Eduardo Garcia de. Hermêneutica e Supremacia Constitucional: El principio de la interpretación conforme a la Constitución de todo el Ordenamiento. *Revista de Direito Público*. São Paulo, n. 77, p. 33-38, 1986.

ESPÍNOLA, Ruy Samuel. *Conceito de Princípios Constitucionais: elementos teóricos para uma formulação dogmática constitucionalmente adequada.* São Paulo: Revista dos Tribunais, 1998.

FARIA, José Eduardo. *O Direito na Economia Globalizada.* São Paulo: Malheiros, 1999.

——. (Org.). *Direito e Globalização Econômica: implicações e perspectivas.* São Paulo: Malheiros, 1996.

FERRAZ JÚNIOR, Tércio Sampaio. *Conceito de Sistema no Direito: Uma investigação histórica a partir da obra jusfilosófica de Emil Lask.* São Paulo: Revista dos Tribunais, 1976.

——. *Função Social da Dogmática Jurídica.* São Paulo: Revista dos Tribunais, 1978.

——. *Teoria da Norma Jurídica.* 2. ed. Rio de Janeiro: Forense, 1986.

FERREIRA, Pinto. *Princípios Gerais de Direito Constitucional Moderno: V. 1.* São Paulo: Revista dos Tribunais, 1971.

FERREIRA FILHO, Manoel Gonçalves. *Direitos Humanos Fundamentais.* 2. ed. rev. e atual. São Paulo: Saraiva, 1998.

FERRETI, Celso João, et al. *Novas tecnologias, trabalho e educação.* 5. ed. Petrópolis: Vozes, 1999.

FLANNERY, Thomas P; HOFRICHTER, David; PLATTEN, Paul E. *Pessoas, Desempenho e Salários: As Mudanças na Forma de Remuneração das Empresas.* Tradução de Bazán Tecnologia e Lingüística. São Paulo: Futura, 1997.

FONSECA, Vicente José Malheiros da. Para onde caminham os direitos sociais brasileiros? *Revista LTr*, São Paulo, v. 64, p. 977-990, 2000.

FORRESTER, Viviane. *O Horror Econômico.* Tradução de Álvaro Lorencini. São Paulo: UNESP, 1997.

FRANCO, Afonso Arinos de Melo. *Curso de Direito Constitucional Brasileiro.* Rio de Janeiro: Forense, 1958.

FRANCO FILHO, Georgenor de Souza. *Globalização & Desemprego: mudanças nas relações de trabalho.* São Paulo: LTr, 1998.

FREDIANI, Yone (Coord.). *Tendências do Direito Material e Processual do Trabalho.* São Paulo: LTr, 2000.

FREITAS, Marcos Cezar de (Org.). *A Reinvenção do Futuro.* São Paulo: Cortez, 1996.

FREITAS JR., Antônio Rodrigues de. *Globalização, Mercosul e Crise do Estado-Nação: perspectivas para o direito numa sociedade de mudança.* São Paulo: LTr, 1997.

——. *Direito do Trabalho na era do desemprego: instrumentos jurídicos em políticas públicas de fomento à ocupação.* 2. ed. São Paulo: LTr, 1999.

——. Globalização & Integração Regional: horizontes para o reencantamento do Direito do Trabalho num quadro de crise do Estado-Nação. *Revista LTr,* São Paulo, v. 61, p. 205-213, 1997.

FURTADO, Celso. *O Capitalismo Global.* 4. ed. São Paulo: Paz e Terra, 1998.

GARCIA, Basileu. *Instituições de Direito Penal.* São Paulo: Max Limonad, s/d, p. 21.

GARCIA JÚNIOR, Armando Álvares. *O Direito do Trabalho no Mercosul.* São Paulo: LTr, 1997.

GENTILI, Pablo. *Globalização Excludente: desigualdade, exclusão e democracia na nova ordem mundial*. 2. ed. Petrópolis: Vozes, 2000.

GILISSEN, John. *Le Probléme des Lacunes en Droit*. Bruxelles: Perelman-Émile Bruylant, 1968.

GIGLIO, Wagner D. Perspectivas dos contratos temporários e política de emprego. *Revista LTr*, São Paulo, v. 61, p. 1605-1607, 1997.

——. O sindicalismo diante da crise. *Revista LTr*, São Paulo, v. 65, p. 09-12, 2001.

GIORDANI, Francisco Alberto da Motta Peixoto. *Estudos sobre a interpretação das Leis*. Campinas: Copola Livros, 1997.

GOMES, C.M. e outros. *Trabalho e conhecimento: dilemas na educação do trabalhador*. São Paulo: Cortez, 1989.

GOMES, Orlando e Elson Gottschalk. *Curso de Direito do Trabalho*. 4. ed. Rio de Janeiro: Forense, 1995.

GONZÁLEZ, Mario Bernaschina. *Constituición Política y Leyes Complementarias*. 2. ed. Santiago, 1958.

GUIMARÃES, Isaac N. B. Sabbá. *Habeas Corpus: críticas e perspectivas*. Curitiba: Juruá, 1999.

HADDAD, José Eduardo. *Aspectos controvertidos de Direito Constitucional do Trabalho*. São Paulo: LTr, 1998.

HENRIQUES, Antônio; MEDEIROS, João Bosco. *Monografia no curso de Direito: trabalho de conclusão de curso: metodologia e técnicas de pesquisa, da escolha do assunto à apresentação gráfica*. São Paulo: Atlas, 1999.

IANNI, Octávio. *Teorias da Globalização*. Rio de Janeiro: Civilização Brasileira, 1997.

——. *A Era do Globalismo*. 2. ed. Rio de janeiro: Civilização Brasileira, 1996.

——. *A Sociedade Global*. Rio de Janeiro: Civilização Brasileira, 1996.

JACQUES, Paulino. *Curso de Direito Constitucional*. 8. ed. Rio de Janeiro: Forense, 1977.

JEZZINI, Nader Ali. *A Globalização e seus Impactos Sociais*. Curitiba: Juruá, 1999.

KELSEN, Hans. *Teoria Geral das Normas*. Porto Alegre: Fabris, 1986.

KOTTER, John P. *As Novas Regras: como a globalização dos mercados e a competição estão alterando os rumos de carreiras profissionais, níveis salariais, a estrutura e o funcionamento das organizações e a própria natureza o trabalho*. Tradução de José Carlos Barbosa dos Santos. São Paulo: Makron Books, 1996.

KUMAR, Krishan. *Da sociedade pós-Industrial à pós-moderna: novas teorias sobre o mundo contemporâneo*. Tradução de Ruy Jungmann. Rio de Janeiro: Jorge Zahar, 1997.

LAVOR, Francisco Osanir de. *Proteção em face da automação*. In: *Direito Constitucional do Trabalho – Vol. 02*. Aluísio Rodrigues (Coord.). São Paulo: LTr, p. 127-132, 1997.

LEITE, Eduardo de Oliveira. *A monografia jurídica*. 3. ed. rev. São Paulo: Revista dos Tribunais, 1997.

LIMA, Ronaldo Cunha. *Trabalho Humano* (discurso no Congresso Nacional). Brasília: Gráfica do Senado Federal, 1997.

LOPES, Miguel Maria de Serpa. *Curso de Direito Civil*. vol. I. 6. ed. Rio de Janeiro: Freitas Bastos, 1988.

LUSTOSA, Vanda Maria Ferreira; LIMA, Manoel Hermes de. A estratificação social como causa de desemprego. *Revista LTr*, São Paulo, v. 64, p. 724-730, 2000.

MACCALÓZ, Salete Maria, et al. *Globalização, neoliberalismo e direitos sociais*. Rio de Janeiro: Destaque, 1997.

Direito Constitucional do Trabalho

MACHADO, Carlos Augusto Alcântara. *Mandado de Injunção*. São Paulo: Atlas, 2000.

MACIEL, José Alberto Couto. *Desempregado ou supérfluo? Globalização*. São Paulo: LTr, 1998.

——. A globalização da economia e a redução de direitos trabalhistas. *Revista LTr*, São Paulo, v. 61, p. 467-470, 1997.

MANNRICH, Nelson. *A modernização do contrato de trabalho*. São Paulo: LTr, 1998.

MARSHALL, Carla C. *Curso de Direito Constitucional*. Rio de Janeiro: Forense Universitária, 2000.

MARTIN, Hans-Peter; SCHUMANN, Harald. *A armadilha da globalização: o assalto à democracia e ao bem-estar social*. Tradução de Waldtraut U. E. Rose e Clara C. W. Sackiewicz. São Paulo: Globo, 1997.

MARTINS, Cláudio. *Normas gerais de Direito Tributário*. Fortaleza: Imprensa Universitária do Ceará, 1968.

MARTINS, Ives Gandra da Silva. *Questões de Direito Econômico*. São Paulo: Revista dos Tribunais, 1998.

MARTINS, Nei Frederico Cano. Os princípios do direito do trabalho e a flexibilização ou desregulamentação. *Revista LTr*, São Paulo, v. 64, p. 847-853, 2000.

——. Os atuais instrumentos da flexibilização do direito do trabalho. *Revista LTr,* São Paulo, v. 63, p. 1177-1182, 1999.

MARTINS, Sérgio Pinto. *A Continuidade do Contrato de Trabalho*. São Paulo: Atlas, 2000.

MARTINS FILHO, Ives Gandra da Silva. Os direitos fundamentais e os direitos sociais na Constituição de 1988 e sua defesa. *Revista LTr,* São Paulo, v. 63, p. 588-591, 1999.

MARX, Karl; ENGELS, Friedrich. *Manifesto do Partido Comunista*. Disponível em: http://www.rionet.com.Br/~cabanas/Marx/manifesto.htm. Acesso em: 19 de julho de 2001.

MASI, Domenico de. *O Futuro do Trabalho: fadiga e ócio na sociedade pós-industrial*. Tradução de Yadir A. Figueiredo. Rio de Janeiro: José Olympio, 1999.

——. (Org.). *A Sociedade pós-industrial*. 2. ed. São Paulo: SENAC São Paulo, 1999.

——. *O ócio criativo: uma entrevista a Maria Serena Palier*. Tradução de Léa Manzi. Rio de Janeiro: Sextante, 2000.

——. *Desenvolvimento sem trabalho*. 5. ed. rev. Tradução Eugênia Deheinzelin. São Paulo: Esfera, 1999.

MEIRELLES, Hely Lopes. *Direito Municipal Brasileiro*. São Paulo: Malheiros, 1996.

——. *Direito Administrativo Brasileiro*. 25. ed. São Paulo: Malheiros, 2000.

MELLO, Celso Antônio Bandeira de. *Conteúdo Jurídico do Princípio da Igualdade*. 3. ed. São Paulo: Malheiros, 1999.

MENDES, Gilmar Ferreira. *Direitos Fundamentais e Controle de Constitucionalidade*. São Paulo: Celso Bastos, 1998.

—— ; COELHO, Inocêncio Mártires; BRANCO, Paulo Gustavo Gonet. *Hermenêutica Constitucional e Direitos Fundamentais*. Brasília: Brasília Jurídica, 2000.

MENDES, J. M. Amado. *História Econômica e Social dos Séculos XV a XX*. 2. ed. Lisboa: Fundação Calouste Gulgenkian, 1993.

MIRANDA, Pontes de. *Comentários à Constituição de 1967*. Vol. V. 2. ed. São Paulo: Revista dos Tribunais, 1971.

MONTESQUIEU, Charles Louis de Secondat. *O espírito das leis*. Introdução, tradução e notas de Pedro Vieira Mota. 3. ed. São Paulo: Saraiva, 1994.

MORAES, Alexandre de. *Direito Constitucional*. 9. ed. atualizada com a EC nº 31/00, São Paulo: Atlas, 2001.

——. *Direitos Humanos Fundamentais: comentários aos arts. 1º ao 5º da Constituição da República Federativa do Brasil, doutrina e jurisprudência.* São Paulo: Atlas, 1997.

MORRIS, Charles. *Foundations of the theory of signs*. Chicago, 1938.

MOTA, Antônio Gustavo da. *A Evolução da Técnica e da Organização do Trabalho: perspectiva histórica e econômica*. Coimbra: Almedina, 1996.

MOURA, Paulo C. *A crise do emprego: uma visão além da economia*. 3. ed. Rio de Janeiro: Mauad, 1998.

NABAIS, José Casalta. *Os Direitos Fundamentais na Constituição Portuguesa*. Lisboa: Separata do Boletim do Ministério de Justiça nº 400, 1990.

NASCIMENTO, Amauri Mascaro. *Compêndio de Direito Sindical*. 2. ed., São Paulo: LTr, 2000.

——. Perspectivas do direito sindical. *Revista LTr*, São Paulo, v. 63, p. 1593-1604, 1999.

——. Questões atuais de Direito do Trabalho. *Revista LTr*, São Paulo, v. 61, p. 14-33, 1997.

——. *Curso de Direito do Trabalho: História e Teoria Geral do Direito do Trabalho: Relações Individuais e Coletivas de Trabalho.* 16. ed. São Paulo: Saraiva, 1999.

NERY JÚNIOR, Nelson. *Princípios do processo civil na Constituição Federal.* 4. ed. rev. aum. e atual. com a Lei das interceptações telefônicas 9.296/96 e a Lei de arbitragem 9.307/96, São Paulo: Revista dos Tribunais, 1997.

——.*Código de Processo Civil Comentado e Legislação Processual Civil Extravagante em Vigor.* 5. ed. São Paulo: Revista dos Tribunais, 2001.

NORRIS, Roberto. *Contratos coletivos supranacionais de trabalho e a internacionalização das relações laborais no Mercosul.* São Paulo: LTr, 1998.

——. Livre circulação de trabalhadores em um contexto de integração regionalizada. *Revista LTr*, São Paulo, v. 63, p. 327-332, 1999.

OHMAE, Kenichi. *O fim do Estado-Nação: ascensão das economias regionais.* Tradução de Ivo Korytowoski. Rio de Janeiro: Campus, 1996.

OLIVEIRA, Claudionor dos Santos. *Impactos da globalização nas estratégias de marketing.* São Paulo: LTr, 2000.

OLIVEIRA, Francisco Antônio de. *Manual de Direito Individual e Coletivo do Trabalho: Doutrina, Jurisprudência, Direito Sumular e Direito Comparado.* 2. ed. São Paulo: Editora Revista dos Tribunais, 2000.

OLIVEIRA, Ramom Tácio de. *Manual de Direito Constitucional.* Belo Horizonte: Del Rey, 2000.

PARSONS, Tallcot. *The school class as a social system: some of its functions in American society.* In: *Education, economy and society. A reader in the Sociology of Education.* HALSEY, A. H., et al. Nova Iorque: Free Press, 1973.

PASQUALINI, Alexandre, *et al. O direito público em tempos de crise: estudos em homenagem a Ruy Ruben Ruschel.* Porto Alegre: Livraria do Advogado, 1999.

PASSOS, Fernando. O impacto da globalização da economia nas relações individuais e coletivas de trabalho. *Revista LTr*, São Paulo, v. 62, p. 339-344, 1998.

PASTORE, José. *O desemprego tem cura?* São Paulo: Makron Books, 1998.

Direito Constitucional do Trabalho
ASPECTOS CONTROVERSOS DA AUTOMATIZAÇÃO

PEIXINHO, Manoel Messias. *A interpretação da constituição e os princípios fundamentais: elementos da hermenêutica constitucional renovada.* Rio de Janeiro: Lúmen Júris, 1999.

PEREIRA, José Luciano de Castilho. O Direito do Trabalho no limiar do século XXI – perspectivas. *Revista LTr,* São Paulo, v. 61, p. 1310-1314, 1997.

PEREIRA, Sérgio Gischkow. Interpretação jurídica e aplicação do direito. In: *Revista do Curso de Direito da Universidade Federal de Uberlândia,* Uberlândia, Universidade Federal de Uberlândia, v. 12, n. 1/2, p. 177-195, 1983.

PICARD, Edmond. *O Direito Puro.* Lisboa: Calouste Gulbenkian, 1964.

PIOVESAN, Flávia. *Proteção Judicial Contra Omissões Legislativas.* São Paulo: Revista dos Tribunais, 1995.

——. *Direitos Humanos e Globalização.* In: *Direito* Global. SUNDFELD, Carlos Ari; VIEIRA, Oscar Vilhena. São Paulo: Max Limonad, p. 195-208, 1999.

PLÁ RODRIGUES, Américo. *Princípios de Direito do Trabalho.* 3. ed. São Paulo: LTr, 2000.

PROSCURCIN, Pedro. O fim da subordinação clássica no Direito do Trabalho. *Revista LTr,* São Paulo, v. 65, p. 279-291, 2001.

RATTNER, Henrique (Org.). *Brasil no limiar do século XXI: alternativas para a construção de uma sociedade sustentável.* São Paulo: EDUSP, 2000.

REALE, Miguel. *Lições Preliminares de Direito.* 19. ed. São Paulo: Saraiva, 1991.

——. *Teoria tridimensional do direito.* São Paulo: Saraiva, 1968.

——. *Filosofia do direito: v. 1 e 2.* 5. ed. São Paulo: Saraiva, 1969,.

——. A globalização da economia e o Direito do Trabalho. *Revista LTr,* São Paulo, v. 61, p. 11-13, 1997.

REICH, Robert B. *O Trabalho das Nações: preparando-nos para o capitalismo do século 21.* Tradução de Claudiney Fullmann. São Paulo: Educator, 1994.

RIBEIRO JÚNIOR, João. *Teoria Geral do Direito Constitucional.* Bauru: EDIPRO, 1997.

RIEBEL, Eibe. *Europäische Grundrechtszeitschrift,* 1989.

RIFKIN, J. *O fim dos empregos: o declínio inevitável dos níveis dos empregos e a redução da força global de trabalho.* Tradução de Ruth Gabriela Bahr. São Paulo: Makron Books, 1995.

ROBORTELLA, Luiz Carlos Amorim. Prevalência da negociação coletiva sobre a lei. *Revista LTr,* São Paulo, v. 64, p. 1236-1243, 2000.

——. As relações trabalhistas no Mercosul. *Revista LTr,* São Paulo, v. 57-11, p. 1313-1315, 1993.

——. *Flexibilização da Norma Constitucional e Garantia de Emprego.* In: *Constituição e Trabalho.* SILVA NETO, Manuel Jorge e (Org.). São Paulo: LTr, p. 146-155, 1998.

ROCHA, Cármen Lúcia Antunes. *Princípios Constitucionais dos Servidores Públicos.* São Paulo: Editora Saraiva, 1999.

RODRIGUES, Aluísio (Coord.). *Direito Constitucional do Trabalho: vol. 2.* São Paulo: LTr, 1997.

ROMITA, Arion Sayão. *Globalização da economia e direito do trabalho.* São Paulo: LTr, 1997.

——. Novas perspectivas contratuais: o contrato de trabalho. *Revista LTr,* São Paulo, v. 64, p 295-304, 2000.

ROSA, Luis Fernando Franceschini da. *Mercosul e função judicial: realidade e superação*. São Paulo: LTr, 1997.

ROSS, Alf. *Lógica de las normas*. Madrid: Technos, 1971.

SALEM NETO, José. *Comentários às novas leis trabalhistas: legislação EC n. 24/1999, Lei n. 9.957-12-1-2000, Lei n. 9.958-12-1-2000*. São Paulo: LTr, 2000.

SAMPAIO, Nelson. *Fim do emprego, início do trabalho: O profissional do futuro*. São Paulo: Nobel, 1998.

SANTOS, Enoque Ribeiro dos. *O Direito do Trabalho e o Desemprego*. São Paulo: LTr, 1999.

SANTOS, Fernando Ferreira dos. *Princípio constitucional da dignidade da pessoa humana*. São Paulo: Celso Bastos: Instituto Brasileiro de Direito Constitucional, 1999.

SANTOS, Hermelino de Oliveira (Coord.). *Constitucionalização do Direito do Trabalho no Mercosul*. São Paulo: LTr, 1998.

SARLET, Ingo Wolfgang. *A eficácia dos direitos fundamentais*. 2. ed. rev. atual. Porto Alegre: Livraria do Advogado, 2001.

———. (Org.). *O Direito Público em tempos de crise: estudos em homenagem a Ruy Ruben Ruschel*. Porto Alegre: Livraria do Advogado, 1999.

———. *Dignidade da Pessoa Humana e Direitos Fundamentais na Constituição Federal de 1988*. Porto Alegre: Livraria do Advogado, 2001.

SARTORI, Luís Maria A. *O Desemprego Mundial: causas e soluções*. São Paulo: LTr, 1998.

SINGER, Paul. *Globalização e desemprego: diagnóstico e alternativas*. 4. ed. São Paulo: Contexto, 2000.

SILVA, Elias Norberto da. *A automação e os trabalhadores*. São Paulo: LTr, 1996.

SILVA, José Afonso. *Aplicabilidade das normas constitucionais*. 3. ed. rev. ampl. e atualizada. São Paulo: Malheiros, 1998.

———. *Curso de Direito Constitucional Positivo*. 17. ed. revista e atualizada nos termos da Reforma Constitucional (até a Emenda Constitucional nº 24, de 9.12.1999). São Paulo: Revista dos Tribunais, 2000.

SILVA, José Ajuricaba da Costa e. Processo da globalização da economia e seus reflexos no judiciário trabalhista. *Revista LTr*, São Paulo, v. 61, p. 1447-1451, 1997.

SILVA, Luiz Pinho Pedreira da. *Principiologia do direito do trabalho*. São Paulo: LTr, 1997.

SILVA, Reinaldo Pereira e. *O mercado de trabalho humano – a globalização econômica, as políticas neoliberais e a flexibilidade dos direitos sociais no Brasil*. São Paulo: LTr, 1998.

———. Os modelos de flexibilidade do Direito do Trabalho. *Revista LTr*, São Paulo, v. 63, p. 183-189, 1999.

SILVA FILHO, Cícero Virgulino da. *Contrato de trabalho. Contrato a prazo definido e as políticas de fomento de emprego: a experiência espanhola e a legislação brasileira*. São Paulo: LTr, 2000.

SILVA NETO, Manoel Jorge e (Coord.). *Constituição e trabalho*. São Paulo: LTr, 1998.

SIZE, Pierre. *Dicionário da globalização: a economia de A a Z*. Florianópolis: Obra Jurídica: Instituto Brasileiro de Estudos de Relações de Trabalho, 1997.

SOARES, Mário Lúcio Quintão. *Direitos fundamentais e direito comunitário: por uma metódica de direitos fundamentais aplicada às normas comunitárias*. Belo Horizonte: Del Rey, 2000.

Direito Constitucional do Trabalho
ASPECTOS CONTROVERSOS DA AUTOMATIZAÇÃO

SUNDFELD, Carlos Ari; VIEIRA, Oscar Vilhena (Coords.). *Direito Global.* São Paulo: Max Limonad, 1999.

SÜSSEKIND, Arnaldo. *Direito Constitucional do Trabalho.* Rio de Janeiro: Renovar, 1999.

———. A globalização da economia e o Direito do Trabalho. *Revista LTr,* São Paulo, v. 61, p. 40-44, 1997.

———. O futuro do Direito do Trabalho no Brasil. *Revista LTr,* São Paulo, v. 64, p. 1231-1235, 2000.

TAVARES, André Ramos; ROTHENBURG, Walter Claudius (Orgs.). *Argüição de descumprimento de preceito fundamental: análises à luz da Lei nº 9.882/99.* São Paulo: Atlas, 2001.

TAVARES, Maria da Conceição; FIORI, José Luís. *(Des)Ajuste global e modernização conservadora.* Rio de Janeiro: Paz e Terra, 1993.

TEIXEIRA, Francisco J. S. (Org.). *Neoliberalismo e reestruturação produtiva: as novas determinações do mundo do trabalho.* São Paulo: Cortez, 1996.

TEMER, Michel. *Elementos de Direito Constitucional.* 14. ed. rev. e ampliada. São Paulo: Malheiros, 1998.

THUROW, Lester C. *O futuro do capitalismo: como as forças econômicas moldam o mundo de amanhã.* Tradução de Nivaldo Montingelli Jr. Rio de Janeiro: Rocco, 1997.

TOFFLER, Alvim. *A Terceira Onda.* 15. ed. Rio de Janeiro: Record, 1995.

TORRES, Carlos Alberto. *Sociologia Política da Educação.* São Paulo: Cortez, 1993.

TÔRRES, Ofélia de Lanna Sette. *Empregabilidade negociada.* São Paulo: Atlas, 2000.

TUCCI, José Rogério Cruz e (Coord.). *Garantias constitucionais do processo civil.* São Paulo: Revista dos Tribunais, 1999.

VELLOSO, Carlos. A Convenção n. 158-OIT: constitucionalidade. *Revista LTr,* São Paulo, v. 61, p. 1161-1169, 1997.

VELOSO, Zeno. *Controle jurisdicional de constitucionalidade.* 2. ed. rev. atual. e ampl. Belo Horizonte: Del Rey, 2000.

VIANA, Márcio Túlio. A proteção social do trabalhador no mundo globalizado – o direito do trabalho no limiar do século XXI. *Revista LTr,* São Paulo: LTr, v. 63, p. 885-896, 1999.

VIEIRA, Liszt. *Cidadania e globalização.* 4. ed. Rio de Janeiro: Record, 2000.

VIEIRA, Maria Margareth Garcia. *A globalização e as relações do trabalho.* Curitiba: Juruá, 2000.

VIEIRA, Oscar Vilhena. *Realinhamento Constitucional.* In: *Direito Global.* SUNDFELD, Carlos Ari; VIEIRA, Oscar Vilhena (Coords.). São Paulo: Max Limonad, p. 15-48, 1999.

VIGEVANI, Tullo e Jorge Lorenzetti (Orgs.). *Globalização e integração regional: atitudes sindicais e impactos sociais.* São Paulo: LTr, 1998.

VILLALON, Pedro Cruz. Formacion y Evolucion de los Derechos Fundamentales. In: *Revista Española de Derecho Constitucional,* Año 9, número 25, Enero-Abril, 1989.

VITELLI, Eliana Pedroso. O princípio da proteção em face da flexibilização dos direitos trabalhistas. *Revista LTr,* São Paulo, v. 62, p. 1349-1356, 1998.

WARAT, Luís Alberto. *O direito e sua linguagem.* (Curso de pós-graduação.). Santa Catarina, 1983.

WEBER, Max. *Economía y sociedad.* México: Fondo de Cultura Económica, 1944, 2 vols.

WOMACH, James, *et al. The Machine That Chanced the World*. New York: Macmillan Publishing, 1990.

XAVIER, Carlos Alberto Moreira. A globalização, o Direito do Trabalho e a teoria institucional. *Revista LTr*, São Paulo, v. 62, p. 642-644, 1998.

ZANGRANDO, Carlos Henrique da Silva. Automação, novas tecnologias e a proteção do trabalhador – contribuição para regulamentação do inciso XXVI do art. 7º da Constituição Federal. *Revista Ltr*, São Paulo, v. 64, pp. 1538-1548, 2000.

ZIPPELIUS, Reinhold. *Teoria Geral do Estado*. 3. ed. Lisboa: Fundação Calouste Gulbenkian, 1997.

ZYLBERSTAJN, Hélio, *et al.* (Orgs.). *Processos de integração regional e a sociedade: o sindicalismo na Argentina, Brasil, México e Venezuela. Rio de Janeiro: Paz e Terra, 1996.*

Impressão:
Editora Evangraf
Rua Waldomiro Schapke,77 - P. Alegre, RS
Fone: (51) 3336-2466 - Fax: (51) 3336-0422
E-mail: evangraf@terra.com.br